Kritische Erfolgsfakt

Rashid Jehangiri

Kritische Erfolgsfaktoren für die Umsetzung von TQM

Eine kritische Überprüfung

ScienciaScripts

Imprint

Any brand names and product names mentioned in this book are subject to trademark, brand or patent protection and are trademarks or registered trademarks of their respective holders. The use of brand names, product names, common names, trade names, product descriptions etc. even without a particular marking in this work is in no way to be construed to mean that such names may be regarded as unrestricted in respect of trademark and brand protection legislation and could thus be used by anyone.

Cover image: www.ingimage.com

This book is a translation from the original published under ISBN 978-620-2-30044-5.

Publisher:
Sciencia Scripts
is a trademark of
Dodo Books Indian Ocean Ltd. and OmniScriptum S.R.L publishing group

120 High Road, East Finchley, London, N2 9ED, United Kingdom
Str. Armeneasca 28/1, office 1, Chisinau MD-2012, Republic of Moldova, Europe

ISBN: 978-620-3-56709-0

Copyright © Rashid Jehangiri
Copyright © 2024 Dodo Books Indian Ocean Ltd. and OmniScriptum S.R.L publishing group

Inhalt

Kapitel 1   5

Kapitel 2   16

Kapitel 3   24

Kapitel 4   38

Kapitel 5   52

Kapitel 6   64

ÜBER DEN AUTOR

Rashid Jehangiri verfügt über 20 Jahre Erfahrung mit soliden Erfolgen sowohl in der beruflichen als auch in der akademischen Welt. Er arbeitet als General Manager bei einem Caterpillar-Händler. Außerdem ist er Gastdozent an der University of the Punjab, einer der ältesten Universitäten der Welt. Er ist von Beruf Maschinenbauingenieur, hat einen Master in Betriebswirtschaft und promoviert derzeit im Bereich Total Quality Management. Er hat als Projektleiter internationale Energieerzeugungsprojekte abgeschlossen und dabei mit einer Vielzahl von Mitarbeitern in einem schwierigen Umfeld zusammengearbeitet.

Meinem Großvater "Janji", der mir bei jedem Schritt auf meinem Weg wie ein Leuchtfeuer zur Seite stand. Er war immer eine Inspiration und ein Ozean der Weisheit

VORWORT

Dieses Buch richtet sich an Manager verschiedener Branchen, die verschiedene kritische Erfolgsfaktoren studieren wollen, die bei der Umsetzung von Total Quality Management in ihren Unternehmen hilfreich sind. Total Quality Management ist eine Methodik und Philosophie, die von verschiedenen Managern eingesetzt wird, um die Produktivität zu steigern und unnötige Kosten zu vermeiden. Dies führt letztendlich zu einer besseren Einbindung der Mitarbeiter, Kundenzufriedenheit und Unternehmensleistung. Die GFK sind für den finanziellen Erfolg eines jeden Unternehmens von entscheidender Bedeutung. Angesichts des Drucks zur Veränderung und zur Einführung von Qualität in Organisationen werden neben den GFK auch die Modelle des totalen Qualitätsmanagements und ihre Rahmenwerke, insbesondere die ISO 9000-Normen, mit den in früheren Studien festgestellten Problemen überprüft. Dieses Buch bietet die Möglichkeit, die Faktoren zu untersuchen, die für Programme zur kontinuierlichen Verbesserung in Organisationen am wichtigsten sind. Dieses Buch ist auch für Studenten der Wirtschaftswissenschaften hilfreich, die in der Praxis in Produktions- und Marketingabteilungen tätig sein wollen. Da jede Branche bestrebt ist, Qualität aufrechtzuerhalten und Standards einzuhalten, werden in diesem Buch systematisch alle kritischen Erfolgsfaktoren untersucht, die für eine erfolgreiche Umsetzung von TQM notwendig sind. Kurz gesagt, der Himmel ist die Grenze für organisatorische Exzellenz.

KAPITEL 1
TQ- und QM-Konzepte

Nach Gravin (1984) ist Qualität ein verwirrender und vielschichtiger Begriff, für den es unterschiedliche und häufig verworrene Definitionen gibt. Darüber hinaus ist er die Quelle großer Verwirrung, da Manager, insbesondere solche in verschiedenen Funktionen, oft nicht richtig vermitteln, was sie mit dem Begriff meinen. Bednar & Reeves (1994) argumentieren, dass die Suche nach einer allgemeingültigen Definition von Qualität zu widersprüchlichen Ergebnissen geführt hat. So gibt es beispielsweise keine weltweit gültige Definition; vielmehr sind zahlreiche Qualitätsdefinitionen unter verschiedenen Bedingungen akzeptabel. Gravin (1984) identifizierte die fünf Hauptdimensionen, die zur Definition von Qualität geführt haben, nämlich: "Der transzendente Ansatz der Philosophie, der produktbasierte Ansatz der Ökonomie, der benutzerbasierte Ansatz der Ökonomie, des Marketings und des Betriebsmanagements, der fertigungsbasierte und der wertbasierte Ansatz des Betriebsmanagements". Nach Bednar & Reeves (1994) variieren die Definitionen von Qualität auch in Bezug auf ihren Nutzen für die Manager. Qualität wird als hervorragende Leistung definiert, die eine starke Motivation für die Belegschaft darstellen kann. Außerdem kann der Begriff Qualität auch als ein Wert oder die Einhaltung von Normen bezeichnet werden, die ein Unternehmen dazu bringen können, sich auf die Effizienz zu konzentrieren. Auf eine andere Art und Weise wird Qualität auch als das Erfüllen oder potenzielle Übertreffen von Erwartungen definiert, was das Management dazu antreibt, mit den Veränderungen der Kundenpräferenzen Schritt zu halten. Diese Studien haben gezeigt, dass auf der Grundlage der Qualität ein neuer Begriff TQ entstanden ist, der von einigen als Erweiterung des wissenschaftlichen Managements, von anderen als Systemtheorie und von wieder anderen als ein völlig neues Paradigma für das Management angesehen wird (Spencer, 1994). Außerdem untersuchte Spencer (1994) die Gemeinsamkeiten und Gegensätze zwischen Total Quality und drei Organisationsmodellen: "mechanistisch, organismisch und kulturell". Sie entdeckt Ähnlichkeiten zwischen TQ und einer überraschenden Vielfalt von theoretischen Standpunkten. Theorieentwicklungsforen denken über Total Quality und Managementtheorie sowohl auf weltweiter als auch auf themenspezifischer Ebene nach (Dean & Bowen, 1994). Total Quality ist ein omnipräsentes hierarchisches Wunderwerk, das in der Forschung wenig Beachtung gefunden hat. TQ ist eine Rationalität oder ein Aspekt des Managements, der durch seine Standards, Praktiken und Strategien dargestellt werden kann, z.B. Kundenorientierung, kontinuierliche Verbesserung und Zusammenarbeit von Teammitgliedern. TQ ist praktisch identisch mit der "Managementtheorie", die das obere Management, die Führung und das Personalmanagement umfasst, wie z. B. die Einbeziehung der Arbeitnehmer, den Nutzen von Teams, die Analyse des Ausbildungsbedarfs und die Bewertung, den Karriereweg auf der Unternehmensleiter und die strategische Qualitätsplanung (Dean & Bowen, 1994). Zahlreiche Management-Wissenschaftler haben Qualitätsaktivitäten als zu modisch und oberflächlich angesehen, so dass sie keine nachhaltige Untersuchung verdienen. Das Qualitätsmanagement war "ein wichtiger Meilenstein für Managementtheoretiker" (Dean & Bowen, 1994). Die Gurus der Qualitätsforschung haben ein Quasi-Monopol auf das Verständnis und die Analyse des Fachgebiets aufrechterhalten (Wilkinson und Wilmott, 1995). Das Qualitätsmanagement (QM) - speziell das TQM - ist von den Unternehmen akzeptiert worden (Yong und Wilkinson, 1999). In einer anderen Studie wurde das QM als eine "Philosophie oder ein Managementansatz" charakterisiert, der aus einer "Reihe von sich gegenseitig verstärkenden Prinzipien besteht, die jeweils durch eine Reihe von Praktiken und Techniken unterstützt werden" (Dean und Bowen, 1994). Die kontinuierliche Verbesserung der QM-Philosophie kann durch die Einführung eines "Prozessmanagements" unterstützt werden, das auf einige wenige Strategien zurückgreifen kann, z. B. auf die statistische Prozesskontrolle und -analyse (Sousa & Voss, 2002).

Wenn wir die Konzepte von TQ und QM kennen lernen, neigen wir dazu, diese beiden Konzepte zu kombinieren, um einen neuen Begriff zu definieren, nämlich TQM. TQM war ein systemischer Ansatz für Managementpraktiken, der Änderungen in den organisatorischen Abläufen, den wichtigsten strategischen Implikationen, den individuellen Werten, den Einstellungen und letztlich den Verhaltensweisen erforderte (Spencer, 1994). Spencer (1994) erklärte, dass TQM nicht als ein neues Paradigma betrachtet wird, sondern als eine totale Managementpraxis, die Signale aus dem etablierten Rahmen eines Unternehmens aufgreift und sie durch die Bereitstellung einer Technik zur Nutzung erweitert. Total Quality Management (TQM) wurde im Hinblick auf die mechanistischen, organismischen und kulturellen Modelle der Organisation untersucht, um die Lücke zwischen der TQM-Praxis und der Managementtheorie zu schließen (Spencer, 1994). Diese Modelle wurden berücksichtigt, weil sie verschiedene Analogien für die Erklärung der Art und Weise der Unternehmensführung bieten.

Einige wenige Personen entscheiden sich (absichtlich oder unabsichtlich) dafür, TQM "mechanistisch" anzuwenden, indem sie es als eine Anordnung von Standards betrachten, die Führungshierarchie zur Überprüfung und Kontrolle der statischen Firmenaktivitäten nutzen. Sie legen mehr Wert auf die Prozesse als auf die Kunden und achten mehr auf die Effektivität des Unternehmens. Wie das "klassische mechanistische Managementmodell" geht auch das "organismische Modell" davon aus, dass das Unternehmen auf ein bestimmtes Ziel ausgerichtet ist und dass die Arbeitnehmer ihre Interessen unterordnen müssen, um das gemeinsame Ziel voranzutreiben. Letztendlich ist es häufig mit dem Gewinn einer Organisation verbunden. Die revolutionären neuen Ideen des TQM stammen aus der Systemtheorie und dem organismischen Modell. Die TQM-Praktiken lassen das "mechanistische Modell" nicht los und übernehmen das "organismische Modell"; stattdessen enthalten sie Komponenten von beiden (Spencer, 1994).

In der Vergangenheit definierten die Gründer "Qualität als Wert, Übereinstimmung mit den Spezifikationen, Übereinstimmung mit den Anforderungen, Gebrauchstauglichkeit, Vermeidung von Verlusten und Erfüllung und/oder Übertreffen der Kundenerwartungen" (Gravin, 1984). Hypothetische Verbindungen zwischen den Faktoren ändern sich, wenn verschiedene Definitionen verwendet werden (Bednar & Reeves, 1994).

Diese Untersuchung hat eine gewisse Grundlage, da Qualitätsaktivitäten in fünfundsiebzig Prozent der USA und des Vereinigten Königreichs als gegeben angesehen wurden (Wilkinson und Wilmott, 1995). TQM hat sich zu einer gesellschaftlichen Entwicklung entwickelt (Hackman und Wageman, 1995). Auch TQM hatte sich als etwas Fragwürdiges erwiesen, über dessen Wert und Wirkung man streitet. TQM-Spezialisten hatten eine typische philosophische Ausrichtung und boten eine Reihe von Grundwerten über Individuen, Unternehmen und Veränderungsprozesse an. (Hackman & Wageman, 1995). Die Mehrheit der Managementforscher, die auf den Ruf nach TQM-Forschung reagiert hatten, konzentrierten ihre theoretischen Bemühungen auf die Verfeinerung der TQM-Definitionen (Zbaracki, 1998). Nwabueze (2001) stellte bei einer Analyse der Arbeit von Qualitätsgurus Folgendes fest: Crosbys Philosophie "Qualität bedeutet Konformität, Vorbeugung, Null Fehler und Preis der Nichtkonformität", Jurans Philosophie "Qualitätsplanung, Qualitätskontrolle und Qualitätsverbesserung" und Demings Philosophie, dass wir alle als Team arbeiten müssen, statistische Techniken bei der Entscheidungsfindung verwenden müssen und jeder in einer Organisation von Qualität besessen sein muss. TQM-Spezialisten betonen oft die Kontrolle über die Aktivitäten und nicht über die Erträge. Um die Kontrolle über die Verfahren aufzubauen, beginnen die TQM-Anhänger mit "Flussdiagrammen". Alle Methoden, die keinen Mehrwert bringen (z. B. zusätzliche Telefonate oder erforderliche Unterschriften), und alle Bewegungen, die sinnlos sind (z. B. Bücken, Schlendern und Aufstehen), werden ausgemerzt.

Die Probleme betrafen die Überprüfung, die durchgeführt wurde, da keine einzelne

Definition von Qualität in verschiedenen Situationen "am besten" war (Bednar & Reeves, 1994). Ein weiteres Problem war der Umfang: Forscher aus den vier Bereichen "Philosophie, Finanzen, Wirtschaft, Marketing und Betriebsführung" haben sich mit dem Thema befasst, aber jede Gruppe hat es aus einem anderen Blickwinkel betrachtet. Die "Philosophie" konzentrierte sich auf Definitionsfragen, die "Ökonomie" auf die Gewinnsteigerung, das "Marketing" auf die Determinanten des Kaufverhaltens und der Kundentreue und das "Operations Management" auf die Entwurfspraktiken und die Fertigungskontrolle (Gravin, 1984). Qualität wurde am absolutesten gemessen, wenn sie als "Konformität mit Normen" charakterisiert wurde; sie war am schwersten zu messen, wenn sie als Spitzenleistung bezeichnet wurde (Bednar und Reeves, 1994). Jede Definition hat Vor- und Nachteile in Bezug auf die Kriterien, z. B. Messung und Verallgemeinerung, Managementfreundlichkeit und Bedeutung für den Kunden (Wilkinson und Wilmott, 1995). Der Hauptunterschied zwischen TQ und "Organisationstheorie" liegt in den Zielgruppen (Wilkinson & Wilmott, 1995). Während sich TQ im Allgemeinen an die Führungsebene richtet, ist die Theorie auf die Forscher abgestimmt (Boaden, 1996). Die enge Übereinstimmung zwischen TQ und organisationstheoretischen Schriften in der HRM-Forschung mag widerspiegeln, dass HRM nach prominenteren "instrumentellen" Werten fragt. Allerdings gab es im Wesentlichen unterschiedliche Vorgaben in den Bereichen Auswahl, Leistungsbeurteilung und Vergütung (Dean & Bowen, 1994).

TQM kann als eine Alternative wahrgenommen werden, die sich auf eine gemeinsame Batterie von Managementprinzipien konzentriert, die aus einer statistischen Basis extrahiert wurden, und auf der untersten Ebene nur eine weitere Management-Modeerscheinung ist. TQM war nicht "tot", sondern die Standards, die gewöhnlich als seine grundlegenden Prinzipien anerkannt werden, sind nicht alle neu für TQM (Boaden, 1996). Organisationsforscher denken schließlich über diffuse und vage Definitionen von TQM nach (Zbaracki, 1998). TQM hat ein solches Problem, insbesondere durch die Art und Weise, wie es entstanden ist, dass eine sinnvollerweise viel charakterisierte und aufgebaute spezialisierte Intervention wie TQM zu einer unklaren und manchmal zweifelhaften Intervention werden kann (Hackman & Wageman, 1995). Nach Hackman und Wageman (1995) war es fast so, als gäbe es zwei Varianten von TQM. Ein TQM, ein technisches TQM, schließt sich einigen wirklich rundum charakterisierten organisatorischen Interventionen an, die klare Standards für die Nutzung und Untersuchung von Daten haben.

Ein zweites TQM, ein rhetorisches TQM, scheint die Art von rhetorischer Fülle zu vermitteln, die besorgt darüber ist, dass TQM nach einiger Zeit einen institutionellen Wert erlangt, da es zur anerkannten Methode wird, um Dinge zu erreichen. Nach Yong & Wilkinson (1999) sind die Hindernisse für die Verwirklichung eines umfassenden Qualitätsmanagements das Fehlen einer hochrangigen Führung, einer langfristigen Strategie oder Vision, Zeitmangel, Mangel an Ressourcen und Infrastruktur, fehlende Maßnahmen und Konsequenz, fehlendes Engagement des mittleren Managements und Angst bei den Mitarbeitern an der Front.

Kritische Untersuchungen zeigen, dass jede Definition von Qualität Nachteile für die Manager mit sich bringt: Exzellenz hat Einschränkungen in der praktischen Anleitung, und Wert und Qualität stellen in der Regel unterschiedliche Konzepte dar. Die Einhaltung von Normen kann dazu führen, dass sich Vorgesetzte auf die interne Produktivität konzentrieren, während sie die externe Lebensfähigkeit vernachlässigen, und es ist schwierig, die Wünsche der Verbraucher zu verstehen und zu messen (Bednar & Reeves, 1994). Für Forscher und Fachleute ist das Verständnis des Qualitätsbegriffs mehr als eine philosophische Frage. Die Vielschichtigkeit der Qualität und die unterschiedlichen Sichtweisen, die mit dem Begriff der Qualität verbunden sind, haben theoretische und forschungsbezogene Fortschritte mühsam gemacht. Die Grenzen von Crosbys historischer Definition von Qualität liegen in unzureichend aufgebauten Produktionssystemen, die sich der Kontrolle der Arbeiter entziehen. Die Strategien von

Juran waren größtenteils konventionell und veraltet, da sie die menschlichen Faktoren der Organisation, insbesondere soziale und politische Fragen, nicht ausreichend berücksichtigten, und Deming versäumte es, einen klaren ganzheitlichen Rahmen für die Umsetzung von TQM zu schaffen (Nwabueze, 2001). Die Suche nach einer allgemeingültigen Definition von Qualität und einer Aussage über gesetzesähnliche Beziehungen war bisher erfolglos. Die empirische und konzeptionelle Auseinandersetzung mit den Unterschieden zwischen den verschiedenen TQ- und managementtheoretischen Positionen auf Seiten des Qualitätsmanagements wird erforderlich sein.

Wissenschaftler sehen die Datenverarbeitung im Allgemeinen als hilfreich, aber unter bestimmten Umständen als überflüssig oder sogar riskant an (Dean & Bowen, 1994).

Der Hauptzweck dieser Übersichtsarbeit bestand darin, sich auf "qualitätsbezogene Themen" zu konzentrieren und nützliche Ideen für Forschung und Praxis zu entwickeln, indem Erkenntnisse aus der TQ und der "Managementtheorie" kombiniert werden. Die Forscher müssen sich auch um eine Standardisierung der Definitionsbegriffe bemühen. Zum Beispiel wurden zahlreiche Begriffe für "Praktiken" verwendet, wie "Faktoren", "Implementierungskonstrukte" und "Interventionen" (Hackman und Wageman, 1995). Hackman & Wageman (1995) stellten außerdem fest, dass viele zeitgenössische Managementpraktiken wie die Einbeziehung der Arbeitnehmer und die Befähigung der Arbeitnehmer tatsächlich so umgesetzt werden, als wären sie ein Synonym für TQM. Die hohe Misserfolgsrate von TQM war praktisch auf Schwierigkeiten bei der Umsetzung der wesentlichen Komponenten der Erkenntnisse der Qualitätsgurus zurückzuführen, die nicht der Realität entsprachen (Nwabueze, 2001). Spencer (1994) hat gezeigt, dass grundlegende Symbole, z. B. "Fischgrätdiagramme" und "Flussdiagramme", möglicherweise die Art und Weise verändern können, wie die Mitarbeiter eines Unternehmens an Probleme herangehen und die Probleme des Unternehmens verstehen, und dass die Forschung zur TQM-Praxis möglicherweise das

Verständnis dieser Managementmodelle verbessern kann. Zwei weitere "Interventionen - wettbewerbsorientiertes Benchmarking" und "Mitarbeiterbeteiligung" werden stark mit TQM in Verbindung gebracht. In Wirklichkeit ist es aus vielen Gründen wahnsinnig schwierig, solche Untersuchungen durchzuführen. Echte Messprobleme im Zusammenhang mit Standarddateien, exogenen störenden Einflüssen und vorübergehenden Problemen. Diese drei Herausforderungen können es extrem schwierig machen, die unmittelbaren Auswirkungen von TQM auf die weltweite Messung von Organisationsergebnissen sachlich zu ermitteln. Die Forschung über die Auswirkungen von TQM hat sich weitgehend auf globale Ergebnisse konzentriert. Die Ergebnisse waren eindeutig positiv. TQM wurde mehr von Praktikern als von Forschern berücksichtigt (Hackman und Wageman, 1995). Von TQM-Praktikern wurde erwartet, dass sie sich auf Arbeitsprozesse statt auf Ergebnismessungen konzentrieren und wissenschaftliche Techniken einsetzen, um diese Prozesse nachhaltig zu verbessern (Hackman & Wageman, 1995). TQM wird als eine Kategorie von Taktiksystemen angesehen, die Lösungen für Management-"Modeerscheinungen" bieten. Die Ursprünge von TQM und sein Verbreitungsmuster unterscheiden sich von anderen "Modeerscheinungen" im Management. TQM basierte nicht auf einem detaillierten Korpus von Hypothesen, auch wenn sich solche Hypothesen allmählich herausbilden. TQM verwischt die üblichen Grenzen eines Unternehmens und legt den Schwerpunkt auf den Teil der Information und konzentriert sich darüber hinaus auf das Unternehmen als eine Kette verbundener Verfahren, deren Endpunkt der Kunde ist (Boaden, 1996). TQM-Praktiker müssen ihr Verständnis der technischen Dimensionen von TQM mit den alltäglichen Problemen, die sie in ständigen organisatorischen Prozessen erleben, integrieren. (Zbaracki, 1998).

Theoretisch müssen Manager lernen, wie sich ihre Art, mit Qualität umzugehen, ändert, wenn sich ein Produkt von der Entwurfsphase bis zum Markt bewegt, und sie sollten Ansätze entwickeln, um diese verschiedenen Perspektiven zu entwickeln (Gravin,

1984). Die Managementpraxis könnte durch die Verschmelzung von Teilen des Wissens aus der "Managementtheorie" in die Bemühungen um die Gesamtqualität verbessert werden, und tatsächlich hat die Gesamtqualität solche Teile der Erkenntnisse effektiv aufgenommen (Dean & Bowen, 1994). Studien über Qualitätsinitiativen können dazu dienen, das Spektrum der Perspektiven zu erweitern und zu bereichern, aus denen Qualitätsinitiativen eingeschätzt, bewertet und entwickelt wurden (Wilkinson & Wilmott, 1995). Die derzeitige TQM-Praxis hat nur selten etwas mit dem "kulturellen Modell" gemein (Spencer, 1994). Die Qualitätsexperten behaupten, daß TQM eine Philosophie ist, die in die Unternehmenskultur integriert werden muß. Zu den TQM-Bestandteilen gehören die Identifizierung und Messung wissenschaftlicher Kundenmethoden und der Einsatz von Prozessmanagement-Heuristiken zur Verbesserung der Teameffektivität, z. B. Flussdiagramme (Hackman & Wageman, 1995). Im Allgemeinen ist TQM ein besserer Ansatz zur Führung von Geschäften und für den wirtschaftlichen Wohlstand von wesentlicher Bedeutung. TQM führt zu höherer Qualität, senkt die Kosten von Gütern und Dienstleistungen, die sich schnell an die Wünsche der Kunden anpassen (Zbaracki, 1998). Organisationen, insbesondere praktizierende Manager, verfügen über ein "empirisches Modell", das als Grundlage für bessere Ergebnisse bei der Umsetzung der TQM-Philosophie dienen kann (Nwabueze, 2001).

In der Praxis hat das Zusammentreffen unterschiedlicher Qualitätsvorstellungen einige zwingende Auswirkungen. Zunächst verdeutlicht es die regelmäßig konkurrierenden Qualitätsauffassungen von Personen aus den Marketing- und Produktionsabteilungen. Marketingfachleute verfolgen in der Regel einen "benutzerbasierten" oder "produktbasierten" Ansatz zu diesem Thema; für sie bedeutet höhere Qualität verbesserte Leistung, mehr Funktionen und andere Verbesserungen, die die Kosten senken. Da sie die Verbraucher als Richter über die Qualität ansehen, ist für sie das, was in der Produktionsstätte geschieht, wesentlich weniger wichtig als das, was auf dem

Markt geschieht. Die Mitarbeiter in der Fertigung verfolgen in der Regel eine andere Strategie. Für sie bedeutet "Qualität die Einhaltung von Normen" und die Betonung auf "beim ersten Durchlauf alles richtig machen". Da sie niedrige Qualität mit großen Mengen an Nachbesserungen und Ausschuss in Verbindung bringen, gehen Fertigungsmitarbeiter in der Regel davon aus, dass Qualitätsverbesserungen zu Kostensenkungen führen werden (Gravin, 1984). TQM erfordert eine umfassende Verbesserung der Organisation im Hinblick auf ein bestimmtes Ziel (Nwabueze, 2001). Eines der wirksamsten Mittel zur Umsetzung von TQM besteht darin, den Mitarbeitern die mit dieser Praxis verbundene Terminologie zu vermitteln (Spencer, 1994). TQM ist ein Arrangement von Leitprinzipien, seine Umsetzung wird häufig als eine Abfolge von Aktivitäten betrachtet, die Engagement erfordern, und der "Top-Down"-Charakter dieses Engagements, bei dem die Manager effektiv die Führung übernehmen und die Mitarbeiter einbeziehen, wird in vielen Studien als grundlegender Erfolgsfaktor für TQM angesehen (Boaden, 1996).

Zusammenfassend lässt sich sagen, dass weitere Studien und Analysen zu Qualität und qualitätsbezogenen Themen auf einem rigorosen Verständnis der verschiedenen Definitionen des Konstrukts aufbauen müssen (Bednar & Reeves, 1994). Die QM-Philosophie und -Praxis muss angemessen von anderen Strategien zur institutionellen Verbesserung abgegrenzt werden (Sousa & Voss, 2002). Zahlreiche Forscher betonen, dass für die erfolgreiche Umsetzung von TQM ein kultureller Wandel im Unternehmen erforderlich ist, der einen grundsätzlichen Wandel der Werte, der Strukturen, der Art und Weise, wie Einzelpersonen zusammenarbeiten, und der Art und Weise, wie Einzelpersonen über Beteiligung und Einbeziehung denken, mit sich bringt (Nwabueze, 2001). Für eine effektive Durchführung von TQM ist ein klar definierter kontextueller Rahmen erforderlich. Die Untersuchung von TQM kann den Forschern mehr Aufschluss über die bestehenden Managementmodelle geben (Spencer, 1994). TQM kann ein geeignetes Mittel sein, um die Ideen offener Rahmen zu untersuchen und

Forschern dabei zu helfen, mehr über ebenenübergreifende Verbindungen in Organisationen zu erfahren.

Es wurde eine Reihe von Bereichen ermittelt, in denen sich die TQM-Perspektive weitgehend auf die "Managementtheorie" stützt. Dazu gehören die Führungs- und Personalpraktiken des oberen Managements, z. B. die Laufbahnentwicklung der Mitarbeiter, der Einsatz von Teams, die Analyse und Bewertung des Schulungsbedarfs sowie die Einbeziehung und Motivation der Mitarbeiter. Kurz gesagt, wir sollten die soziale Entwicklung der Managementpraktiken ernst nehmen, aber auch nach den echten Technologien in diesen Praktiken suchen.

KAPITEL 2

Kritische Erfolgsfaktoren für Total Quality Management

TQM wird als eine kollektive, miteinander verknüpfte Anordnung von Qualitätstechniken dargestellt, die mit der Leistung eines Unternehmens und der Kundenzufriedenheit in Zusammenhang steht (Choi & Eboch, 1998; Karuppusami & Gandhinathan, 2006; Seetharaman, Sreenivasan, & Boon, 2006). Einige Forscher haben behauptet, dass TQM wenig mit Leistungsverbesserung zu tun hat, und einige betrachten TQM als einen Trend (Choi und Eboch, 1998). Die Normen und Methoden des Total Quality Management (TQM) sind heute ein anerkannter Bestandteil des "Werkzeugkastens" praktisch jedes Managers (Motwani, 2001). Nach Choi und Eboch (1998) ist TQM ein Wegweiser zu Kundenzufriedenheit und Unternehmensleistung.

Innerhalb des TQM-Rahmens gibt es vier Bereiche von Managementpraktiken, die zu bewerten sind: Prozessqualitätsmanagement, Personalmanagement, Qualitätsplanung, Daten und Analyse, Personalmanagement, Qualitätsverständnis, Produktplanung und Prozessmanagement (Zu, Robbins und Fredendall, 2009). CSFs sind die Faktoren, die für den Erfolg eines Unternehmens entscheidend sind, und wenn die mit den Faktoren verbundenen Ziele nicht erreicht werden, wird das Unternehmen in der Regel katastrophal scheitern. CSF's stellen die notwendigen Bestandteile dar, ohne die ein Unternehmen minimale Erfolgschancen hat (Coronado & Antony, 2002). Kritische Erfolgsfaktoren sind: "die Rolle des Managements und der Qualitätspolitik, das Lieferantenmanagement, das Prozessmanagement, die Kundenorientierung, die Ausbildung, die Beziehungen zu den Mitarbeitern, das Produkt- und Dienstleistungsdesign, die Qualitätsdaten, die Rolle der Qualitätsabteilung, das Personalmanagement und die Personalentwicklung, das Design und die Konformität, funktionsübergreifende Qualitätsteams, Benchmarking sowie Informationen und Analysen" (Karuppusami & Gandhinathan, 2006; Nicholas, 2014). Die Verbesserung der Qualität ist ein wesentlicher Grundstein für den finanziellen Erfolg eines Unternehmens. In ihrem Bemühen, die Qualität zu verbessern, haben die Unternehmen zahlreiche Programme zur kontinuierlichen Verbesserung entwickelt, allen voran das Total Quality Management und das aktuellste Programm Six Sigma. (Zu, Robbins, & Fredendall, 2009). Nach Coronado & Antony (2002) kann Six Sigma als eine kontinuierliche Verbesserungsstrategie definiert werden, die dazu dient, das Endergebnis zu verbessern, Verschwendung zu reduzieren, die mit schlechter Qualität verbundenen Kosten zu senken und die Effizienz und Effektivität von Prozessen zu steigern, um die Erwartungen der Kunden zu erfüllen oder sogar zu übertreffen. Die Methodik und die Grundsätze von Six Sigma berücksichtigen die Rollenstruktur, das Verfahren zur strukturierten Verbesserung von Six Sigma und den Schwerpunkt von Six Sigma auf Messungen (Zu, Robbins, & Fredendall, 2009). Die Definitionen von Qualität und TQM werden seit mehreren Jahrzehnten von Qualitätsmanagement-Gurus und Forschern diskutiert und haben zu einer Reihe von Ergebnissen geführt (Sila & Ebrahimpour, 2003). Mehrere Organisationen haben herausgefunden, dass sie mit einem Six-Sigma-Programm als Ergänzung zu ihren derzeitigen Verfahren fast alle Bestandteile eines TQM-Programms erhalten (Karuppusami & Gandhinathan, 2006). Allerdings gibt es noch keine allgemeine Übereinstimmung über diese Definitionen.

Das Qualitätsmanagement besteht aus einer Reihe von Bestandteilen: kritische Erfolgsfaktoren, Praktiken, Techniken und Werkzeuge (Tan, 2005). TQM ist eine Kombination aus verschiedenen Erfolgsfaktoren, einem System zur Verwaltung dieser kritischen Faktoren und stark voneinander abhängigen Komponenten, die in einem Netz von voneinander abhängigen Komponenten in einem Netz, Werkzeugen und Techniken verwoben sind (Tan, 2005). Mehrere Organisationen verlassen sich auf TQM als Instrument zur Verbesserung ihres Endergebnisses, zur Erhöhung ihres Wettbewerbsvorteils und zur Stärkung ihres Marktanteils (Seetharaman, Sreenivasan, & Boon, 2006).

Der ständige Streit über die verschiedenen Definitionen von Qualität und ihre Auswirkungen auf die Fertigungs- und Dienstleistungsbranche erhöht die Hürden für die Schaffung eines angemessenen Rahmens für die Umsetzung von TQM (Sila & Ebrahimpour, 2003).

Einige Forscher konzentrieren sich auf die technischen und programmatischen Dimensionen des TQM, während andere die allgemeine Managementphilosophie beleuchten, was zu der breiten Palette von Ansätzen führt, die von verschiedenen TQM-Forschern verwendet werden (Motwani, 2001). Einer der bemerkenswerten Unterschiede zwischen TQM und Six Sigma besteht darin, dass sich die früheren Philosophien auf die Lösung des Problems konzentrierten und sich weniger um die Kosten kümmerten (Coronado & Antony, 2002). Die Arbeiten verschiedener Autoren zeigen sowohl die Vor- als auch die Nachteile von TQM auf, doch wird den Unternehmen keine Lösung für die Probleme angeboten, auf die sie stoßen (Tan, 2005). Frühere Studien zeigen, dass organisationsübergreifende Veränderungen oft mit den starken Werten der Organisationsmitglieder in Konflikt geraten. Mit anderen Worten: Der Wandel steht nicht im Einklang mit den bestehenden Überzeugungen der Unternehmensmitglieder. Dieses Verhalten hängt von verschiedenen Faktoren wie technischen, politischen, individuellen und organisatorischen Faktoren ab (Coronado & Antony, 2002). Obwohl ein gewisser Konsens über die Faktoren besteht, die TQM ausmachen, haben verschiedene Analysen dennoch eine unterschiedliche Anzahl von TQM-Faktoren hervorgebracht, was die Folge der unterschiedlichen Definitionen oder methodischen Standpunkte der verschiedenen Forscher sein kann (Sila & Ebrahimpour, 2003). Six Sigma kann nicht als eine weitere eigenständige Aktivität behandelt werden, sondern erfordert die Einhaltung einer vollständigen Philosophie anstelle der Verwendung einiger Techniken und Werkzeuge zur Qualitätsverbesserung (Coronado & Antony, 2002). Die gemeinsamen Themen, die herausgefunden wurden, waren Führung, Einbeziehung der Mitarbeiter, Schulung und Entwicklung,

Prozessmanagement, Planung und Qualitätsmetriken für kontinuierliche Verbesserungen (Tan, 2005). Mehrere Organisationen mussten bei ihren Qualitätskampagnen aus vielen Gründen einen Misserfolg hinnehmen, wie z. B. mangelndes Engagement der obersten Führungsebene, Ignorieren der Kundenbedürfnisse usw. (Seetharaman, Sreenivasan, & Boon, 2006).

TQM ist unvermeidlich, um schlechte Leistungen umzukehren, aber wenn die erwarteten Ergebnisse nicht erreicht wurden, wurde es als Fehlschlag betrachtet (Seetharaman, Sreenivasan, & Boon, 2006). Es gibt vier kritische Bereiche, in denen das Management sein Engagement für die TQM-Implementierung zeigen kann. Dazu gehören die Zuweisung von Ressourcen und Budget, die Durchsetzung von Kontrollen durch Sichtbarkeit, die Messung des Fortschritts und der kulturelle Wandel (Seetharaman, Sreenivasan, & Boon, 2006).

CSFs können als die kritischen Bereiche charakterisiert werden, die ein Unternehmen erreichen muss, um seine Ziele zu erreichen, indem es ihre Auswirkungen untersucht und analysiert. In der vorliegenden Untersuchung können sie als die Dinge betrachtet werden, die für eine effektive Umsetzung von TQM angemessen sein müssen (Salaheldin, 2009).

In früheren Studien wurden folgende Probleme festgestellt: fehlendes Engagement der obersten Führungsebene und mangelndes Verständnis der Manager für Qualität, fehlendes Bewusstsein für die Vorteile der TQM-Umsetzung im Unternehmen, unzureichende Kenntnisse über TQM und unzureichendes Verständnis der Messstrategien, die zur Beurteilung der Angemessenheit der TQM-Umsetzung verwendet werden, fehlende Klarheit in Bezug auf Verfahren, Umsetzungsmethoden und -techniken, fehlendes Verständnis für die positiven Auswirkungen der kontinuierlichen Verbesserung und Übersehen der Kunden (Seetharaman, Sreenivasan, & Boon, 2006). TQM-Implementierungen scheitern am mangelnden Engagement der Unternehmensleitung, am Fehlen einer visionären Planung, an der fehlenden Klarheit der Messverfahren und an der mangelnden Einbeziehung der Mitarbeiter (Nicholas, 2014). Die Auswahl eines geeigneten Zeitraums für die Leistungsbewertung ist das wichtigste Thema bei der Verknüpfung von TQM mit dem Endergebnis. Das Fehlen von Untersuchungen zu einigen kritischen Faktoren für die TQM-Umsetzung, z. B. Zufriedenheit der Mitarbeiter, Produktentwicklung, Teambildung und Problemlösung, könnte darauf zurückzuführen sein, dass diese Faktoren für jeden neuen Managementansatz wie JIT und ERP relevant sind, nicht nur für TQM (Salaheldin, 2009).

Es mangelt an Synergieeffekten zwischen den drei genannten Bereichen, und es gibt nur wenige empirische Befunde, die sich auf die Wechselwirkung zwischen TQM, Lernorientierung und Marktleistung konzentrieren (Lam, Lee, Ooi, & Lin, 2011). Das Fehlen von organisatorischen Informationen und Daten zu den kritischen Erfolgsfaktoren ist ein großes Hindernis für die effektive und erfolgreiche Umsetzung von TQM in Unternehmen (Lau & Idris, 2001).

Eine kritische Analyse zeigt, dass die Einführung von TQM eine bedeutende organisationsübergreifende Veränderung darstellt, die eine vollständige Umgestaltung der Kultur, des Glaubenssystems, der Organisationsprozesse und der strategischen Prioritäten erfordert (Motwani,
2001) . Eine Untersuchung der kritischen Erfolgsfaktoren für die Umsetzung von TQM ist wegen der enormen Unterschiede bei den TQM-Ergebnissen erforderlich (Lau & Idris, 2001). Zahlreiche weiche Elemente der kritischen Erfolgsfaktoren für die Umsetzung von TQM sind Aktivitäten wie Kultur, Engagement des Top-Managements, Führung und Wille zu Qualität und kontinuierlicher Verbesserung, Teamarbeit, Langlebigkeit der Beschäftigung, Vertrauen, Schulung und Entwicklung sowie Kundenzufriedenheit (Lau & Idris, 2001). Die optimale Nutzung des Personals zu gewährleisten, ist nicht einfach, aber eine Herausforderung, die wirksam angegangen werden muss (Lau & Idris, 2001). Die oberste Führungsebene, die

Unternehmenskultur, die Ausbildung und die statistischen Instrumente bilden die Grundlage für eine erfolgreiche Six-Sigma-Einführung (Coronado & Antony, 2002) . Der Widerstand gegen Veränderungen kann erfolgreich überwunden werden, wenn ein angemessener Kommunikationsplan vorhanden ist, der die Einbeziehung der Mitarbeiter in die Six-Sigma-Initiative vorschreibt, indem ihnen gezeigt wird, wie die Initiative funktioniert und wie sie mit ihrer Arbeit und den erwarteten Vorteilen für sie in Verbindung gebracht werden kann. (Coronado & Antony, 2002). Die CSF von TQM sind latente Variablen und lassen sich nur schwer direkt messen. So ist beispielsweise das Engagement des Top-Managements für Qualität ein CSF, der keineswegs direkt gemessen werden kann. Wenn jedoch das Engagement der obersten Führungsebene für die Qualität überwiegt, wird dies dazu führen, dass angemessene Ressourcen für die Qualitätsverbesserungsmaßnahmen bereitgestellt werden. Auf diese Weise kann eine ausreichende Zuweisung von Ressourcen für Qualitätsverbesserungsbemühungen einer der Indikatoren für das Engagement der obersten Führungsebene in Bezug auf Qualität sein (Karuppusami & Gandhinathan, 2006). Es gibt keinen vernünftigen Rahmen, um die GFK zu ermitteln und den Forschern eine Orientierung zu geben (Karuppusami & Gandhinathan, 2006).

Die Wirksamkeit der TQM-Implementierung umfasst die Festlegung und den Einsatz verschiedener Schlüsselelemente. Sie umfassen sowohl die "weichen" Dimensionen wie Führung, Befähigung der Mitarbeiter, Kultur als auch die "harten" Aspekte, die Systeme, Verbesserungsinstrumente und -techniken beinhalten (Seetharaman, Sreenivasan, & Boon, 2006). Das Engagement der obersten Führungsebene wurde als wichtigster Erfolgsfaktor angesehen, während Schulung und Entwicklung der wichtigste kritische Faktor sind (Seetharaman, Sreenivasan, & Boon, 2006). Als Fallstricke wurden das fehlende Wissen über Qualität auf der Managementebene und die fehlende Einbeziehung der Arbeitnehmer auf der Arbeiterebene genannt. Mehrere Forscher nannten jedoch die "unsachgemäße Umsetzung" als Hauptursache für das

Scheitern von TQM (Seetharaman, Sreenivasan, & Boon, 2006; Karuppusami & Gandhinathan, 2006). Es wurden mehrere kritische Faktoren identifiziert, die die Chancen für eine erfolgreiche Umsetzung verbessern können, z. B. die Bedeutung des Engagements des Managements, das Verständnis der TQM-Richtlinien, das Verständnis des Managements für Qualität, die erwarteten Vorteile der TQM-Implementierungsmethodik und des Implementierungsplans, das Verständnis der TQM-Philosophie und ihrer Messgrößen, das Verständnis dafür, dass Kunden eine entscheidende Rolle für den Erfolg einer Organisation spielen, das Verständnis für die Bedeutung der kontinuierlichen Verbesserung und deren Integration in das System (Seetharaman, Sreenivasan, & Boon, 2006).

Zu den CSF für die TQM-Implementierung in KMU gehören das Engagement des oberen Managements, Führung, ein System zur kontinuierlichen Verbesserung, Messung und Feedback, Verbesserungstechniken und -instrumente, Qualitätssicherung bei Lieferanten, Personalmanagement, Prozesse, Ressourcen, Entwicklung und Schulung sowie Kultur und Arbeitsumfeld (Zu, Robbins, & Fredendall, 2009). Wenn wir die strategischen Faktoren wie die Einbindung und das Engagement des Top-Managements, Kultur, Führung, kontinuierliche Verbesserung, Qualitätsziele und -politik, Ressourcen, Wertschöpfungsprozess und Benchmarking betrachten, haben sie einen großen Einfluss auf die erfolgreiche Umsetzung von TQM (Zu, Robbins, & Fredendall, 2009). Die taktischen Faktoren umfassen Bereiche wie die Befähigung und Einbindung der Mitarbeiter, Mitarbeiterschulung und -entwicklung, Teambildung und systematische Problemlösung, den Einsatz von Informationstechnologie zur Erfassung und Analyse von Qualitätsdaten, die Entwicklung von Lieferanten, das Management von Lieferantenbeziehungen, die Abstimmung mit anderen Systemen und die Leistungsbewertung der Lieferanten (Zu, Robbins, & Fredendall, 2009). Die weniger wichtigen oder weniger kritischen Faktoren werden als operative Faktoren eingestuft und umfassen Produktentwicklung und -design, Management von Kundenbeziehungen, Kundenorientierung, Kunden- und Marktkenntnis, realistische

Zeitpläne für die TQM-Einführung, statistische Prozesskontrolle, Ressourcenerhaltung, qualitätsbezogene Inspektionen und Unternehmensleistungskennzahlen für TQM (Zu, Robbins, & Fredendall, 2009).

Wir können davon ausgehen, dass die TQM-Idee ein bewusster Weg ist, um Verbesserungen der allgemeinen Geschäftsprozesse des Unternehmens, einschließlich der Waren und Dienstleistungen, zu erreichen. TQM berücksichtigt die Gesamtleistung praktizierender Unternehmen und befasst sich mit der Bedeutung von Verfahren sowie mit Kunden-Lieferanten-Schnittstellen, und zwar in beide Richtungen. Die Manager müssen sich der kritischen Faktoren und Methoden bewusst sein, um eine erfolgreiche Umsetzung zu erreichen. TQM wurde sowohl für seinen Einfallsreichtum gelobt als auch für den Mangel an messbaren Ergebnissen kritisiert. Der mangelnde Erfolg kann jedoch darauf zurückgeführt werden, dass TQM oft nicht richtig verstanden wird. Die kritischen Erfolgsfaktoren (CSF) des TQM sollten umfassend und nicht stückweise umgesetzt werden, um den maximalen Nutzen aus dem TQM zu ziehen. Darüber hinaus unterstreicht dieser Bericht die Notwendigkeit, die GFK mit der Unternehmensleistung zu verbinden, um die Ziele der TQM-Implementierung zu erreichen. Manager müssen verstehen, welche Dimensionen sie für eine erfolgreiche Entwicklung der kritischen Erfolgsfaktoren des TQM in ihren Organisationen berücksichtigen sollten.

KAPITEL 3

Die Auswirkungen von Kontextfaktoren auf TQM-Praktiken

Total Quality Management (TQM) wurde in den letzten 50 Jahren von vielen Unternehmen übernommen, aber die Ergebnisse von TQM sind nicht optimal. Der tatsächliche Erfolg von TQM hängt von kontextuellen Elementen ab, d. h. von der Geschichte und dem Ursprung der Organisation, der Organisationsstruktur und -hierarchie, dem Standort, der Größe usw. Das Umfeld, in dem die Organisationsstruktur entwickelt wird, und die Umgebung werden als die Gesamtheit der physischen und sozialen Faktoren betrachtet, die beim Entscheidungsverhalten der Menschen in einem Unternehmen direkt in Betracht gezogen werden (Duncan, 1972). Nach Duncan (1972) betonen Organisationstheoretiker die Tatsache, dass sich Organisationen an ihr externes Umfeld anpassen müssen, wenn sie rentabel bleiben wollen. Eine der Kernfragen ist, wie die Herausforderungen angesichts der Ungewissheit bewältigt werden können. Die Unsicherheit der Umwelt und die verschiedenen Parameter der Umwelt werden durch die Wahrnehmung der Mitglieder einer Organisation definiert. Die Wahrnehmungen der Einzelnen unterscheiden sich in verschiedenen Dimensionen, wie die Forschung zeigt (Duncan, 1972). Die Effektivität von Organisationen hängt davon ab, wie gut sie sich an die unterschiedlichen Voraussetzungen anpassen können, die mit sicher bekannten bzw. unzureichend verstandenen Aufgaben oder Umweltbedingungen, d.h. mit Unsicherheit, verbunden sind (Sitkin, Sutcliffe, & Schroeder, 1994).

Die Kultur, die sich weltweit von Region zu Region unterscheidet, hat bestimmte etablierte Normen, Traditionen und Werte, die zur Vergrößerung des Kuchenstücks, zur Steigerung des Nutzens und zur Senkung der Kosten eingesetzt werden können. Die japanische Qualitätskontrolle verwendet beispielsweise statistische Verfahren, die sich auf die Art und Weise stützen, wie sie mit TQM umgehen. Das japanische Qualitätsmanagement zielt darauf ab, die Problemlösungstechniken der Mitarbeiter zu verbessern, Statistiken zu nutzen, alle Personen in einer Organisation zu motivieren, zu ermutigen und zu schulen (Dahlgaard, Kanji, & Kristensen, 1990).

In den letzten zehn Jahren wurde eine Reihe von Studien durchgeführt, in denen die Qualitätsmanagementpraktiken in verschiedenen Ländern rund um den Globus bewertet und verglichen wurden (Dahlgaard, Kristensen, Kanji, Juhl, & Sohal, 1998). Es liegt auf der Hand, dass japanische Unternehmen den Daten, die sie durch die Erforschung neuer Produkte, der Daten von Konkurrenten, neuer Methoden oder neuartiger Inputs und der kommerziellen Realisierbarkeit auf dem Markt gewonnen haben, den Vorzug geben. Japanische Unternehmen legen im Vergleich zu nordamerikanischen Unternehmen mehr Wert auf die Umsetzung der Kundenforschung in die Konzeption und Entwicklung neuer Produkte und Dienstleistungen, setzen doppelt so viel Technologie ein wie amerikanische Unternehmen, um den Kundenanforderungen gerecht zu werden, und verwenden "Prozessvereinfachung" und "Zykluszeitanalyse" zur Verbesserung der Geschäftsprozesse als westliche Unternehmen (Dahlgaard, Kristensen, Kanji, Juhl, & Sohal, 1998). Laut Ahmad & Yusof (2010) legen japanische Unternehmen großen Wert auf das Produktdesign und sind der Ansicht, dass Qualität mit dem Design beginnt und sich anschließend in der Herstellbarkeit, Zuverlässigkeit und Produktqualität widerspiegelt. Mit der Verschärfung des globalen Wettbewerbs und der unvermeidlichen Globalisierung sind Unternehmen gezwungen, zu wachsen und ihren Aktionsradius über nationale und kulturelle Grenzen hinweg auszudehnen. Daher besteht ein starker Drang, Unternehmen mit verschiedenen ethnologisch diversifizierten Kulturen zu integrieren (Sousa-Poza, Nystrom, & Wiebe, 2000). Es gibt vier Hauptdimensionen für die ethnologische Kultur: "Machtdistanz, Unsicherheitsvermeidung, Maskulinität und Individualismus". Nach Fuentes-Fuentes, Albacete-Saez, & Llorens-Montes, (2004) stehen relevante Dimensionen des spezifischen Umfelds wie Dynamik, Großzügigkeit und Komplexität an der Spitze der wichtigsten strategischen TQM-Dimensionen und ihrer Leistung. Die Verbesserung der Qualität von Produkten und Dienstleistungen ist eine Grundvoraussetzung für den Geschäftserfolg eines Unternehmens. In dem Bestreben, die Qualität zu verbessern, haben Unternehmen viele Programme zur kontinuierlichen Verbesserung verfolgt, vor allem das Total Quality Management (TQM) und, aktueller, Six Sigma (Zu, Robbins, & Fredendall, 2009). Nach Hendricks & Singhal (1996) erfordert die Umsetzung eines wirksamen Qualitätsverbesserungsprogramms, dass sich die Unternehmen von der traditionellen Philosophie der Inspektion, mit der fehlerhafte Produkte herausgefiltert werden, zu einer Philosophie der Fehlervermeidung entwickeln. Zu den Grundsätzen, dem Ethos und den Instrumenten, mit denen dies erreicht werden kann, gehören das Engagement der obersten Führungsebene, eine breitbandige Kommunikation zwischen Management und Mitarbeitern, Aus- und Weiterbildung, eine stärkere Befähigung der Mitarbeiter, kontinuierliche Verbesserung, statistische Prozesskontrolle, Aufbau und Pflege langfristiger Lieferantenbeziehungen und eine durchgängige Konzentration auf die Qualität im gesamten Unternehmen.

TQM ist keineswegs eine "abstrakte Philosophie", sondern umfasst sowohl Konzepte (eine Philosophie) als auch Praktiken (Instrumente). TQM ist auch mit einer Reihe von Managementinstrumenten oder -methoden verbunden, wie z. B. "statistische Prozesskontrolle (SPC), Qualitätszirkel (QC), Just-in-Time (JIT), Teamarbeit, Empowerment und Benchmarking" (Sousa-Poza, Nystrom, & Wiebe, 2000). Die Einführung eines systematischen Qualitätsmanagements ist in produzierenden Unternehmen häufiger anzutreffen als in Dienstleistungsunternehmen (Lagrosen & Lagrosen, 2003). Unternehmen, die in unterschiedlichen organisatorischen Kontexten arbeiten, können identische effektive Geschäftsergebnisse erzielen, indem sie sich auf ganz unterschiedliche QM-Prinzipien konzentrieren (Zhao, Yeung, & Lee, 2004). Die Auswirkungen des Standorts und der Größe des Unternehmens, der zeitlichen Dauer des Qualitätsprogramms, der gewerkschaftlichen Organisation und des

Branchenkontexts auf die QM-Implementierung sprechen für die kontingenztheoretische Perspektive im Qualitätsmanagement, andererseits wird QM als eine einzige Reihe von Praktiken behandelt (Zhanga, Linderman, & Schroederc, 2012). Unterschiedliche QM-Praktiken sind unter wechselnden Umweltunsicherheitsbedingungen mehr oder weniger effektiv (Zhanga, Linderman, & Schroederc, 2012). Leitende Betriebsmanager sind bei der Ausarbeitung einer Fertigungsstrategie sensibel für die Wahrnehmungen und den Druck von Interessengruppen jenseits von Kunden und Lieferanten (Lieferkette). Eine solche Strategie spiegelt sich jedoch nicht unbedingt in einer breit angelegten Praxis wider, die sowohl soziale als auch ökologische Aspekte umfasst (Galeazzo & Klassen, 2015).

Aus früheren Studien geht hervor, dass TQM als global auf alle Unternehmen und ihre Tätigkeiten anwendbar propagiert wurde, ohne dass die Art der Ungewissheit, mit der das Unternehmen konfrontiert ist, berücksichtigt wurde. Infolgedessen besteht die Gefahr, dass TQM "überbewertet" wird, falsch interpretiert und umgesetzt wird und nicht effektiv ist (Sitkin, Sutcliffe, & Schroeder, 1994). "Alle Organisationen bestehen aus fünf grundlegenden Teilen, d.h. Betreiber und ihre Konfiguration ist die professionelle Bürokratie, die strategische Spitze und ihre Konfiguration ist die einfache Struktur, für die mittlere Linie ist es die divisionalisierte Form, für die Technostruktur ist die Maschinenbürokratie und für das Hilfspersonal ist es die Adhokratie" (Lagrosen & Lagrosen, 2003).

TQM ist ein offensichtlich einzigartiger Ansatz zur Verbesserung der Effektivität eines Unternehmens, der sich auf ein solides konzeptionelles Fundament stützt und uns derzeit eine Strategie zur Verbesserung der Unternehmensleistung bietet, wobei die Art und Weise berücksichtigt wird, wie Unternehmen und ihre Mitarbeiter arbeiten (Montes, Verdu' Jover, & Molina Fernandez, 2003). Historische TQM-Studien deuten darauf hin, dass der Schwerpunkt der TQM-Implementierung bei großen und mittelgroßen Unternehmen lag, wohingegen es nur wenige Arbeiten zu kleinen

Unternehmen gibt und die Ergebnisse in Bezug auf die Auswirkungen der TQM-Leistung sehr unterschiedlich ausfallen (Sharma, 2006). Trotz der Tatsache, dass zahlreiche Wissenschaftler Total Quality Management (TQM) als eine wichtige Innovation für Unternehmen betrachten, wird TQM von vielen Autoren als eine Modeerscheinung im Management angesehen. Zahlreiche empirische Untersuchungen befassen sich mit dem Zusammenhang zwischen TQM und der Unternehmensleistung. Einige Autoren stellen positive Ergebnisse fest. Andere Forscher sind nicht in der Lage, einen nennenswerten Zusammenhang festzustellen, und einige Untersuchungen erkennen sogar eine umgekehrte Beziehung (Corredor & Goni, 2011).

Einige Hintergrundinformationen zu dieser Studie, Faktoren und Komponenten, die das interne Umfeld der Organisation beinhalten, sind: "organisatorische Personalkomponente, organisatorische Funktions- und Stabsstellen-Komponente und Organisationsebenen-Komponente". Das externe Umfeld besteht aus den Komponenten "Kunden, Lieferanten, Konkurrenten, sozio-politische Komponente und technologische Komponente". Die Unsicherheit setzt sich aus drei Komponenten zusammen: der mangelnden Klarheit der Informationen, der unnötig langen Zeitspanne bis zur endgültigen Rückmeldung und der allgemeinen Ungewissheit der kausalen Beziehungen (Duncan, 1972). Die Betonung der Kontrolle, die herkömmliche Ansätze für die Durchführung des totalen Qualitätsmanagements (TQM) kennzeichnet, ist jedoch für Bedingungen mit "hoher Aufgabenunsicherheit" nicht geeignet.

Der TQM-Ansatz kann vom Grad der situativen Ungewissheit abhängen und schlägt vor, dass TQM in zwei konzeptionell unterschiedliche Ansätze unterteilt wird, nämlich die totale Qualitätskontrolle (TQC) und das totale Qualitätslernen (TQL), denen die gleichen zentralen Aussagen zugrunde liegen (Sitkin, Sutcliffe, & Schroeder, 1994).

Qualitätspraktiken bestehen sowohl aus einer Kontroll- als auch aus einer Lernorientierung, und unterschiedliche QM-Praktiken sind in variablen Kontexten besser geeignet (Zhanga, Linderman, & Schroederc, 2012). Nur innovative TQM-

Anwender erleben Leistungserfolge aufgrund der Implementierung und weisen ein höheres durchschnittliches Leistungsniveau auf als die Kontrollunternehmen (Corredor & Goni, 2011). Die Wirksamkeit der verschiedenen Qualitätsmanagementprinzipien hängt von der Organisationsstruktur und der Umweltunsicherheit ab (Zhanga, Linderman, & Schroederc, 2012). Insbesondere müssen Unternehmen Entscheidungen treffen, die die Interdependenz zwischen den ökologischen, sozialen und wirtschaftlichen Dimensionen berücksichtigen und in der Lage sind, mögliche Zielkonflikte zu reduzieren (Galeazzo & Klassen, 2015).

In Anbetracht der Bedeutung und Notwendigkeit der Unternehmenskultur gibt es zwei grundsätzliche Wege für die Einführung von TQM: Ein Weg zur Umsetzung eines standardisierten, allgemein gültigen Einführungsplans und ein Weg, der maßgeschneidert ist, um die regionalen und manchmal nationalen kulturellen und subkulturellen Unterschiede zu berücksichtigen (Sousa-Poza, Nystrom, & Wiebe, 2000). Die drei Grundpfeiler des TQM - die Qualitätskosten, die Kundenzufriedenheit als Ganzes und das organisatorische Lernen - lassen auch vermuten, dass die Gewinne aus den TQM-Ergebnissen von der Unternehmensgröße und den Unternehmensmerkmalen abhängen. Das Konzept der Qualitätskosten zeigt zum Beispiel, dass die Gesamtqualitätskosten sinken, wenn die Konformitätsqualität verbessert wird (Hendricks & Singhal, 2000).

TQM hat sich zu einem weltweiten Konzept entwickelt, da es sowohl japanische als auch US-amerikanische, europäische und asiatisch-pazifische Organisationen beeinflusst (Montes, Verdu' Jover und Molina Fernandez, 2003). Unter homogenen Bedingungen könnte die Durchführung von TQM weniger wichtig sein, da das Unternehmen der Meinung ist, dass es einfach ist, normale Verfahren einzurichten, die es ihm ermöglichen, Beziehungen zu seiner Umgebung herzustellen und die Aktivitäten weniger anspruchsvoll zu gestalten. Darüber hinaus führt die erhöhte Komplexität zu einer Heterogenität der Unternehmenspraktiken (Fuentes-Fuentes, Albacete-Saez, &

Llorens-Montes, 2004). Es gibt eine gemischte Unterstützung für die Auswirkungen der TQM-Spanne auf die TQM-Leistungsbeziehungen (Jayaram, Ahire und Dreyfus, 2009). Einige Forscher haben herausgefunden, dass maßgeschneiderte Qualitätsmanagementpraktiken zu einer höheren Leistung führen können als die Anwendung standardisierter oder weit verbreiteter Methoden (Zhanga, Linderman, & Schroederc, 2012).

Dieses besondere Phänomen wurde in der Vergangenheit übersehen, weil Qualitätsverbesserungen als Pflicht angesehen wurden, um auf den heutigen globalen Märkten wettbewerbsfähig zu sein, und daher davon ausgegangen wurde, dass sie den Marktwert des Unternehmens steigern würden (Hendricks & Singhal, 1996).

Laut Dahlgaard, Kristensen, Kanji, Juhl, & Sohal, (1998) zeigen Studien, dass zwischen Ost und West enorme Unterschiede bestehen, wobei japanische Unternehmen bei der Anwendung ihrer Qualitätsmanagementpraktiken die Führung von westlichen Unternehmen übernehmen. Nach Sousa-Poza, Nystrom, & Wiebe, (2000) ist ein Problem, das sich aus der Definition von TQM ergibt, dass sie sehr weit gefasst und mehrdeutig ist. Die Anwendung von Managementinstrumenten kann vergleichsweise einfach sein, da sie nur eine begrenzte Änderung von Einstellung und Verhalten erfordern. Die Umsetzung der TQM-Philosophie ist jedoch eine größere Herausforderung, da sie eine Anpassung der Denkweise und des Denkens der Mitarbeiter des Unternehmens erfordert. Darüber hinaus ist die Frage, wie die Ergebnisse von TQM je nach Unternehmensmerkmalen und Kontextfaktoren variieren, noch nicht umfassend geklärt (Hendricks & Singhal, 2000). Die Verwendung des systematischen Konzepts im Rahmen von TQM erschwert die Umsetzung, da der erwartete Gewinn von einer umfassenden Änderung des Managementsystems des Unternehmens abhängt. Mehrere TQM-Spezialisten empfehlen, dass die wirksame Umsetzung von TQM eine Transformation, einen totalen Wandel oder einen radikalen Wandel erfordert (Corredor & Goni, 2011).

Eine kritische Betrachtung zeigt, dass TQM kein Heilmittel ist, das nachlässig angewendet werden kann, sondern dass es mit einem angemessenen Gefühl dafür ausgeführt werden muss, wie sehr der Kontext durch Ungewissheit, Nicht-Routine und Instabilität erklärt wird (Sitkin, Sutcliffe und Schroeder, 1994). Die kontinuierliche Verbesserung sollte sich auf die Verbesserung des Experimentierens und nicht auf die Verringerung der Fehlerquoten konzentrieren. Die Mittel zur Umsetzung eines wirksamen Qualitätsverbesserungsprogramms sind schwierig, da sie ungewöhnliche Änderungen in der Philosophie, Änderungen in den Beziehungen zwischen Management und Mitarbeitern, Änderungen in den Leistungsmetriken und Belohnungsrahmen sowie die Beseitigung eingefahrener Gewohnheiten und Methoden beinhalten (Hendricks und Singhal, 1996).

Eine große Kluft könnte darin bestehen, dass die Techniken im Osten (Japan) entwickelt wurden und die westlichen Organisationen zögern, Strategien zu verwenden, die nicht in ihrer eigenen Kultur entwickelt wurden (Dahlgaard, Kristensen, Kanji, Juhl und Sohal, 1998). Um auf dem globalen Markt mit einem harten Wettbewerb zwischen Regionen und Unternehmen zu überleben, ist die Anwendung von TQM-Techniken von grundlegender Bedeutung, um Spitzenleistungen zu gewährleisten (Ahmad und Yusof, 2010). Es ist wichtig, die ethnologischen Auswirkungen auf die erfolgreiche Umsetzung von Veränderungsprogrammen, wie z. B. Total Quality Management, zu verstehen (Sousa-Poza, Nystrom, und Wiebe, 2000).

Die Unternehmenskultur wurde für Enttäuschungen bei der TQM-Implementierung verantwortlich gemacht (Sousa-Poza, Nystrom und Wiebe, 2000). Die Zusammenhänge zwischen der Unternehmenskultur und der Anwendung von TQM sind sehr komplex. Nach Hendricks und Singhal (2000) verbessern erfolgreiche TQM-Implementierungen die langfristige Produktivität und die Aktienrendite. Verfahrensbezogene Verbesserungen sind eher im verarbeitenden Gewerbe üblich (Lagrosen und Lagrosen, 2003).

Ein Merkmal, das noch entwickelt werden sollte, ist, dass das Qualitätsmanagement immer noch als eine völlig einheitliche Idee betrachtet wird, die von allen Unternehmen ungeachtet ihrer Größe, ihres Standorts, ihrer Tätigkeit, ihrer Kultur usw. grundsätzlich auf die gleiche Weise umgesetzt werden soll (Lagrosen und Lagrosen, 2003). Die Unternehmen der divisionalisierten Form sind in jeder Hinsicht nahezu gleich. Für die maschinellen Bürokratien und die

Im Vergleich zu divisionalisierten Unternehmen scheinen diese Ergebnisse logisch zu sein, und die Adhocracies sind in vielerlei Hinsicht unterschiedlich. Sie haben im Allgemeinen weniger Verbesserungen in Bezug auf die Prozesse und keine Verbesserungen in Bezug auf die Kunden (Lagrosen und Lagrosen, 2003). Wenn das Unternehmen zur Hälfte auf die Kunden und die Prozesse ausgerichtet ist, das Umfeld jedoch ein hohes oder niedriges Maß an Unsicherheit aufweist, werden die Verbesserungen der Ergebnisse nach der Einführung eines TQM-Programms nicht sehr deutlich sein (Montes, Verdu' Jover und Molina Fernandez, 2003). Diejenigen Unternehmenseinheiten, deren Mitarbeiter aufgrund der durch die Systemfesseln auferlegten Beschränkungen einer schlechten Umsetzung von TQM-Komponenten unmotiviert, enttäuscht oder weniger engagiert sind, werden ein niedriges Qualitätsniveau und eine geringe Lebensfähigkeit des Umsetzungsprogramms bewirken (Montes, Verdu' Jover und Molina Fernandez, 2003).

Struktur und Kontrolle eignen sich besser für Situationen mit einem geringen Grad an Unsicherheit, während ein lernorientierter Ansatz in Situationen mit hoher Unsicherheit praktikabler ist (Zhao, Yeung und Lee, 2004). Six Sigma ist eine weitere Möglichkeit, sich mit Qualitätsmanagement zu befassen, und wird als "organisierte und systematische Methode zur strategischen Prozessverbesserung und zur Entwicklung neuer Produkte und Dienstleistungen bezeichnet, die sich auf statistische Methoden und die wissenschaftliche Methode stützt, um die vom Kunden definierten Fehlerquoten drastisch zu senken" (Zu, Robbins und Fredendall, 2009). Darüber hinaus werden drei besondere Praktiken herausgearbeitet, die für die Anwendung von Six Sigma-Standards und -Strategien grundlegend sind: "Six Sigma-Rollenstruktur", Six Sigma- "strukturiertes Verbesserungsverfahren" und Six Sigma-Fokus auf Messungen (Zu, Robbins und Fredendall, 2009). Six Sigma ist eine Technik zur Prozessverbesserung, die zu einer außergewöhnlichen Verringerung von Deformationen, Fehlern oder Irrtümern in jedem Verfahren führt. Verbesserte Verfahren führen zu einer verbesserten Kundentreue, einem höheren Branchenanteil, einem höheren Endergebnis und so weiter (Reosekar und Pohekar, 2014).

Theoretisch können verschiedene TQM-Ansätze in unterschiedlichen Kombinationen in verschiedenen Branchen, in verschiedenen Segmenten einer Organisation und für verschiedene Funktionen innerhalb einer kleineren Einheit eingesetzt werden, obwohl es wahrscheinlich einige gemeinsame Elemente des TQM gibt, die organisationsübergreifend umgesetzt werden können. Die Entwicklung einer Kultur der kontinuierlichen Verbesserung und der Zusammenarbeit kann einen Großteil der Kluft zwischen West und Ost überbrücken. Teamarbeit und Vertrauen sind die Schlüsselelemente einer solchen Kultur (Dahlgaard, Kristensen, Kanji, Juhl, & Sohal, 1998). Obwohl Manager nicht alle diese unterschiedlichen Merkmale kontrollieren können, müssen sie einige logische Erwartungen für das Niveau der positiven Ergebnisse in Abhängigkeit von den Merkmalen ihrer Organisation festlegen (Hendricks & Singhal, 2000). Öffentliche Entscheidungsträger und alle Manager sind sich einig, dass der wichtigste Einfluss auf die Innovation aus der Fähigkeit resultiert, die geschäftlichen Auswirkungen von Markt- und Technologietrends zu verstehen (Neely, Filippini, Forza, Vinelli, & Hii, 2001). Für Manager im Allgemeinen besteht das Hauptmotiv darin, die Bemühungen um ein Qualitätsmanagement zu bewerten, die sie unternommen haben. Da die Wirkungen, die im Großen und Ganzen erzielt werden, sehr unterschiedlich sind, sind in den verschiedenen Unternehmen auch unterschiedliche Wirkungen zu erwarten (Lagrosen und Lagrosen, 2003). Es besteht die Notwendigkeit, die relevanten Kontextfaktoren zu erkennen, die die

Umsetzungsansätze beeinflussen (Zhao, Yeung und Lee, 2004). Trotz fehlender Marktdurchschlagskraft, Kapital und Managementfähigkeiten können kleine Unternehmen TQM-Komponenten genauso erfolgreich umsetzen wie größere Unternehmen und erreichen so eine hervorragende Produktqualität (Sharma, 2006). Eine angemessene Unternehmenskultur wird im Allgemeinen als Grundvoraussetzung für eine wirksame Umsetzung von TQM angesehen (Zu, Robbins, & Fredendall, 2009).

Wenn sich das Umfeld eines Unternehmens von einem stabilen zu einem dynamischen Umfeld verändert, könnte die Leistung durch die Ausweitung der Qualitätsausnutzung mit einer mechanistischen Struktur verbessert werden. Die beste Leistungsverbesserung ist jedoch die Umstellung der beiden Qualitätsrahmen auf eine explorationsorientierte und eine natürliche Struktur (Zhanga, Linderman und Schroederc, 2012). Einer der Vorteile der Six-Sigma-Methode gegenüber anderen Verbesserungsprogrammen ist, dass sie es den Fachleuten ermöglicht, Probleme, die die Verbesserung behindern, präzise zu beseitigen und die Verbesserungen mit Hilfe von messbaren Instrumenten, wie z. B. Pareto-Diagrammen und Kontrolldiagrammen, aufzuzeigen (Reosekar & Pohekar, 2014). In der Praxis wäre es von Vorteil, Feldforschung zu betreiben, die systematischer untersucht, inwieweit TQM-Praktiken und -Erfolg als Folge unterschiedlicher Ebenen der Aufgabenunsicherheit in organisatorischen Umgebungen voneinander abweichen (Sitkin, Sutcliffe, & Schroeder, 1994).

Die offensichtliche Diskrepanz zwischen den Wahrnehmungen der politischen Entscheidungsträger und der Manager in einem Bereich, der weitere Forschung und Untersuchung erfordert (Neely, Filippini, Forza, Vinelli, & Hii, 2001). Der Schwerpunkt sollte auf der Messung der Auswirkungen auf die Prozesse, die Umwelt und die Beziehungen zu den Kunden liegen (Lagrosen & Lagrosen, 2003). Unternehmen passen ihre Strukturen an, um eine strategische Anpassung an die sich ständig ändernden Kontextfaktoren zu erreichen und so eine hohe Leistung zu erzielen (Sharma, 2006). Wichtige Kontextfaktoren wie Ähnlichkeit in Struktur und Größe, frühere Erfahrungen mit TQM, Branchentyp und Gewerkschaftsklima sollten berücksichtigt werden, um ein analoges Profil der Ähnlichkeit in den Kontexten zu erstellen (Jayaram, Ahire, & Dreyfus, 2009). Dies muss ein Unternehmen jedoch davon abhalten, blindlings Erfolgsgeschichten aus einem völlig anderen Kontext nachzuahmen.

Die Kulturkonstrukte stützen sich auf die Grundlagen des Modells der konkurrierenden Werte, das vorschlägt, dass Unternehmen, die anpassungsfähige Verfahren (statt starrer Kontrollen) aufweisen, sich nach außen orientieren (statt sich nach innen zu konzentrieren) und ein partizipatives Management (statt eines autoritativen) fördern, besser für die Durchführung von TQM gerüstet sind (Jayaram, Ahire und Dreyfus, 2009). Wenn die Umweltunsicherheit gering ist, müssen Unternehmen den richtigen Fokus auf TQM-Praktiken setzen, um bessere Leistungsergebnisse zu erzielen. Wenn die Umweltinstabilität jedoch größer ist, erweist sich die innere Passung zwischen Qualitätspraktiken und der Struktur als entscheidend (Zhanga, Linderman und Schroederc, 2012). Taria und Abdullah (2015) haben gezeigt, dass die meisten Organisationen, die Qualitätszertifizierungen erhalten haben, in der Lage waren, ihre QM-Prozesse sowie ihre Produktqualität und Kundenzufriedenheit zu verbessern.

Abschließend wird hervorgehoben, dass Kontextfaktoren wie Unsicherheit und der Grad der Komplexität und Dynamik des Umfelds nicht als konstante Merkmale in einer Organisation betrachtet werden dürfen. Vielmehr sind sie von der Sichtweise der Unternehmensmitarbeiter abhängig und können daher in dem Maße unterschiedlich ausgeprägt sein, wie die Menschen ihre Beobachtungen variieren. Einige wenige Personen können eine hohe Widerstandsfähigkeit gegenüber Zweideutigkeit und Ungewissheit haben, so dass sie die Umstände als weniger unsicher ansehen als andere mit geringerer Widerstandsfähigkeit.

Weitere Untersuchungen sollten sich auf diese Weise auf die Schnittstelle zwischen individuellen Unterschieden und Unternehmenseigenschaften konzentrieren. In letzter

Zeit bemühen sich zahlreiche qualitätsbewusste Nationen, den japanischen Stil der Qualitätskontrolle zu kopieren, indem sie ihre Strategien modifizieren und einige ihrer besseren Schwerpunkte übernehmen. Es wird davon ausgegangen, dass es unrealistisch ist, eine typische Art und Weise der Qualitätskontrolle zu erhalten, wenn die betroffenen Nationen nicht über eine typische soziale Grundlage verfügen.1 Der Ansatz des totalen Qualitätsmanagements, der die sozialen Teile der Organisationen erfasst, und die Nationen sind der Schlüssel für jede Nation. Sie sollten ihren eigenen Stil des Qualitätsmanagements entwickeln und dabei das Ziel im Auge behalten, Waren und Dienstleistungen von unübertroffener Qualität und zu minimalen Kosten herzustellen. Es gibt keine Alternative zu Managementstudien und -urteilen. Experten sollten in einem ähnlichen Kontext nicht von Unsicherheit ausgehen. Vielmehr sollten die Mitarbeiter eines Unternehmens jede Situation auf ihre spezifischen Aufgaben und relevanten Zusammenhänge hin untersuchen, bevor sie entscheiden, welcher TQM-Ansatz generell angemessen ist. Die wichtigste Implikation für Praktiker ist der Gedanke, dass die Wirksamkeit von TQM durch die Anpassung des jeweiligen TQM-Ansatzes an die Anforderungen der Aufgabe und des Kontexts erhöht werden kann. Westliche Manager und Mitarbeiter müssen von den östlichen Unternehmen lernen, dass die Praxis der Qualitätsverbesserung eine Reise ohne Ende ist. Anstatt zu versuchen, die Leistung der Arbeitnehmer durch monetäre Vorteile zu verbessern, sollten die Unternehmen sie durch Befähigung einbeziehen und sie mit den entscheidenden Instrumenten zur Verbesserung der Produktionsprozesse ausstatten. Außerdem ist es notwendig, sie einzubeziehen, damit sie die Ziele des Unternehmens als ihre eigenen erkennen. Die TQM-Inhalte müssen mit dem Geschäftsverfahren übereinstimmen, und beide müssen mit den Voraussetzungen der Erde übereinstimmen. Der TQM-Inhalt muss auf die Anforderungen des organisatorischen Umfelds abgestimmt sein. Die Struktur der TQM-Ausführung muss darauf basieren, dass sie die Probleme verschiedener Situationen in ihrem Streben nach Anwendung von TQM-Praktiken berücksichtigt. Insgesamt zeigt die Überprüfung der Literatur, dass es in diesem Zusammenhang umfangreiche Fortschritte gibt. Es besteht jedoch noch Bedarf, bestimmte unerforschte Bereiche von Kontextfaktoren zu beleuchten. Künftige Studien könnten diese Fragen durch Förderung der Themen und effektive Erforschung abdecken. All diese Fortschritte werden es zu einem vielseitigeren und nützlicheren Instrument für verschiedene Bereiche und globale Anwendungen machen.

KAPITEL 4

Total Quality Management und organisatorische Leistung

Wie von Kanji, Kritensen und Dahlgaard (1992) aufgezeigt, haben in den letzten Jahren zahlreiche Unternehmen versucht, neue Gedanken in ihr Qualitätsverfahren einzubeziehen. Interessanterweise haben die leitenden Angestellten zum ersten Mal ausdrücklich ihre Begeisterung für Qualität zum Ausdruck gebracht. Sie haben Qualität mit Rentabilität, Verbraucherbedürfnissen und niedrigen Kosten in Verbindung gebracht. Die Entwicklung und Umsetzung von Qualitätsstrategien erfordert grundlegende Veränderungen in der Unternehmenskultur und im Verhalten und kann daher nur durch eine aktive Führung seitens des Topmanagements erreicht werden. Die Merkmale der Qualitätsstrategie einer Organisation lassen sich in vier verschiedene grundlegende Dimensionen einteilen. Diese sind Verbesserung, Kunde, Tatsache und Einbeziehung. Ohne ein angemessenes Verständnis der genannten Aspekte "Prozessvariabilität", "Prozessfähigkeit", "menschliche Psychologie", Menschen und Kundenbedürfnisse sowie die erforderliche Führung können nicht erreicht werden.

TQM wird als ein kollektives, miteinander verbundenes Arrangement von Qualitätspraktiken beschrieben, das mit der Unternehmensleistung und der Kundentreue in Zusammenhang steht. TQM ist der Fahrplan, der zu Unternehmensleistung und Kundenzufriedenheit führt (Choi & Eboch, 1998; Samson & Terziovski, 1999; Cua, McKone, & Schroeder, 2001). (Dow, Samson und Ford, 1999) beklagten jedoch das Fehlen einer groß angelegten Analyse, die sich mit Qualitätsmanagementpraktiken und Unternehmensleistung befasst. Innerhalb des TQM-Rahmens gibt es vier zu bewertende Bereiche von Managementpraktiken: Verwaltung der Prozessqualität, Personalmanagement, Qualitätsplanung sowie Daten und Untersuchungen (Choi und Eboch, 1998). Einige der Kategorien der TQM-Praktiken, d.h. Führung, Management und Kundenorientierung, sagen in gewisser

Weise operative Spitzenleistungen voraus. Verhaltensfaktoren, z. B. das Engagement einer Führungskraft, die Befähigung der Mitarbeiter und eine ziemlich offene Kultur können einen Wettbewerbsvorteil stärker fördern als TQM-Praktiken und -Werkzeuge wie Prozessverbesserung, Benchmarking sowie Daten und Untersuchungen. TQM ist rund um den Globus bekannt, besonders aber in den Industrieländern (Samson & Terziovski, 1999). Prozessmanagement und Designmanagement sind zwei entscheidende Komponenten des TQM (Ahire und Dreyfus, 2000).

Sowohl die Bemühungen des Prozess- als auch des Designmanagements wirken sich gleichermaßen positiv auf die internen Qualitätsergebnisse (z. B. Ausschuss, Nacharbeit, Deformierungen, Leistung) und die externen Qualitätsergebnisse (z. B. Garantien, Rechtsstreitigkeiten und Marktanteil) aus. Einige Wissenschaftler betonen die Qualitätssicherung und das Prozessqualitätsmanagement als Mittel zur Erreichung einer hohen Fertigungsqualität (Ahire & Dreyfus, 2000). Die finanzielle Leistung ist der wichtigste Indikator für die zu messende Unternehmensleistung, auch wenn sie die Verwendung verschiedener Leistungskennzahlen aus dem konventionellen Rechnungswesen empfehlen (Sinclair und Zairi, 2000).

TQM, JIT und TPM haben vergleichbare zentrale Ziele der kontinuierlichen Verbesserung und der Beseitigung von Verschwendung. Zusammen bilden TQM, JIT und TPM ein vollständiges und zuverlässiges Spektrum von Fertigungsverfahren, die auf eine verbesserte Leistung ausgerichtet sind (Cua, McKone und Schroeder, 2001). Nach Cue, McCone und Schroeder (2001) sind Prozessmanagement, Produktdesign, Management der Lieferantenbeziehungen, Qualitätsmanagement, Kundenbeteiligung, Kundenfeedback, Führung, Mitarbeiterbeteiligung und Schulung neun Praktiken, die regelmäßig als Merkmal eines TQM-Programms angegeben werden. Ein differenzierter Nachweis von neun Maßnahmen, die meist als JIT-Lieferung bezeichnet werden, umfasst Rüstzeitreduzierung, Pull-Framework-Generierung, JIT-Lieferung durch den Lieferanten, Layout der Funktionsausrüstung, Einhaltung des Tagesplans, Engagement der Führung, strategische Planung, Schulung der funktionsübergreifenden Teams und Einbeziehung der Mitarbeiter. Die Definition von TQM und Qualität wird seit langem von Qualitätsmanagement-Gurus und -Spezialisten diskutiert, und infolgedessen haben sich verschiedene Definitionen entwickelt. Es besteht jedoch noch immer keine allgemeine Übereinstimmung über diese Definitionen (Sila und Ebrahimpour, 2003). Nach Kaynak (2003) kann TQM als eine ganzheitliche Managementrationalität charakterisiert werden, die den Schwerpunkt auf die kontinuierliche Verbesserung in allen Bereichen des Unternehmens legt, und sie kann nur erreicht werden, wenn der Gesamtqualitätsgedanke von der Beschaffung der Ressourcen bis zum Kundenbeziehungsmanagement nach dem Verkauf angewendet wird. Darüber hinaus untersuchte (Kaynak, 2003) die für das TQM relevanten Messungen der Unternehmensleistung, d. h. die monetäre und die Marktleistung sowie die Qualitätsausführung. Die Mehrheit der TQM-Praktiken wird mit der einen oder anderen Art der Leistungsverbesserung identifiziert.

Nach Evans (2004) hat die Klassifizierung von Geschäftsergebnissen Leistungsmaßnahmen in fünf bemerkenswerten Klassifizierungen zusammengefasst, nämlich Geld- und Marktwirtschaft, Verbraucher, Lieferantenleistung, Humanressourcen und Effektivität der Organisation. Rahman und Bullock (2005) gehen in ihrer TQM-Schrift davon aus, dass das harte TQM die organisatorische Leistung tiefgreifend beeinflusst. Die weichen Elemente des TQM wie "menschliche Faktoren", die Verantwortung und Zusammenarbeit beinhalten, tragen zur organisatorischen Leistung bei. Der Einsatz von harten TQM-Mitteln ist tendenziell bedeutender in Organisationen, die Techniken zur Ausweitung des Engagements von Interessengruppen und zur Einbindung der Perspektiven von Arbeitnehmern in den Prozess der Entscheidungsfindung einsetzen. Zahlreiche TQM-Komponenten sind personenorientiert und umfassen Praktiken wie Teamzusammenarbeit, Befähigung der Mitarbeiter und Beteiligung an der Entscheidungsfindung (Sila, 2007). Zahlreiche

TQM-Komponenten sind personenorientiert und umfassen Praktiken wie die Zusammenarbeit im Team, die Einbeziehung der Arbeitnehmer und die Beteiligung an der Entscheidungsfindung (Sila, 2007). Totales Qualitätsmanagement (TQM) wurde als Methode zur Verbesserung der Leistung und der Aktivitäten in Organisationen angewandt (Tari', Molina und Castejon, 2007).

Heute ist QM eine allgemein anerkannte Aufgabe für viele Organisationen. Während in den späten 1980er und Mitte der 1990er Jahre eine Reihe von Qualitätsmanagement-Aktivitäten, z. B. "Total Quality Management", eine modische Komponente hatten. Heute wird davon ausgegangen, dass die dem QM zugrundeliegenden Praktiken grundlegend und notwendig für die Effektivität des Managements und das Überleben von Unternehmen sind (Nair, 2006).

Es gibt zwei Arten von QM-Praktiken: Das Rahmen-QM umfasst das Engagement des oberen Managements, das CRM, die Lieferantenbeziehungen und das Mitarbeitermanagement; das Kern-QM umfasst Wertinformationen, Artikel/Nutzen, Prozessmanagement und Produktdesign (Zu, 2009). Das Kern-QM führt speziell zu einer verbesserten Qualitätsleistung, und das Basis-QM trägt zur Qualitätsleistung bei, indem es das Kern-QM unterstützt (Zu, 2009).

Historisch gesehen liegt es gerade einmal zwei Jahrhunderte zurück, als Einzelpersonen begannen, die Rentabilität zu untersuchen, obwohl Kosten und Qualität schon seit Tausenden von Jahren praktiziert werden (Kanji, Kristensen und Dahlgaard, 1992). Die genaue Geburtsstunde des Qualitätsmanagements ist schwer zu bestimmen (Dow, Samson und Ford, 1999). Es gibt nur wenig experimentelle Forschung über die Zusammenhänge zwischen nicht-monitoringbezogenen Messgrößen für die Unternehmensleistung, insbesondere in Bezug auf die in der Realität verwendeten Messrahmen und noch weniger in Bezug auf TQM-basierte Messgrößen (Sinclair und Zairi, 2000). Seit den 1980er Jahren gibt es ein wachsendes Wissen und eine zunehmende Nutzung von Praktiken im Zusammenhang mit Total Quality

Management (TQM), Just-in-Time (JIT) und Total Productive Maintenance (TPM). In jedem Fall gab es keine aufmerksame Untersuchung der normalen und bemerkenswerten Praktiken im Zusammenhang mit diesen Projekten (Cua, McKone und Schroeder, 2001). Ein Teil der bisherigen Studien fand jedoch keinen Zusammenhang zwischen TQM und markt- und geldbezogenen Maßnahmen. Kein Zusammenhang zwischen Mitarbeiterengagement, Führung und Qualitätsteams und finanziellen Messgrößen wie Kapitalrendite (ROA), Investitionsrendite (ROI) und Marktanteil. Ein Teil der alternativen Untersuchungen ergab keine Zusammenhänge zwischen TQM und monetären Ergebnissen (Sila, 2007).

Frühere Untersuchungen haben gezeigt, dass, wenn wir anerkennen, dass der "Kunde König ist", die Zufriedenheit der Verbraucher ein definitives Maß für die Leistung eines Unternehmens sein muss, das den zukünftigen Erfolg oder Misserfolg eines Unternehmens vorhersagen kann. Ein Teil der weit verbreiteten Marktsysteme sind jedoch Mail-Reviews, Umfragen Dritter, Input-Berichte, Interviews, autonome Studienberichte, Anteil am Gesamtmarkt, Beschwerden und Gesamtmarktwachstum und so weiter. Die Beziehung zwischen Rentabilität und Qualität ist noch nicht allgemein bekannt und wird von der Leitung bestimmter Unternehmen nicht anerkannt (Kanji, Kristensen und Dahlgaard, 1992). Einige bemerkenswerte Unternehmen, die mit einem Rückgang ihres Vermögens konfrontiert waren, haben sich hervorragend erneuert, ihren Branchenanteil wiederhergestellt und sind dank TQM rentabel geworden. Dazu gehören Ford, Harley Davidson und Xerox (Samson und Terziovski, 1999). Es gibt jedoch zahlreiche Unternehmen, die nicht in der Lage sind, ihre Bemühungen um geschäftliche oder betriebliche Spitzenleistungen durch eine erfolgreiche Umsetzung von TQM zu reflektieren. Infolgedessen herrscht derzeit eine grenzenlose Unzufriedenheit mit TQM, und viele behaupten, dass "die Luftblase geplatzt ist". Qualitätsschulungen, z. B. die Verwendung von Qualitätswerkzeugen, Management- und Mitarbeiterschulungen, sind sehr nützlich, um ein höheres Niveau bei der Produktgestaltung und Prozessverbesserung zu erreichen (Ahire & Dreyfus, 2000). Zahlreiche Literatur befasst sich mit der Frage, wie wissenschaftliche Leistungsparameter wie die Produktivität in spezifischeren Umgebungen, z.B. in der JIT-Fertigung, ihre Form annehmen (Sinclair & Zairi, 2000). Die Kongruenz zwischen allen Leistungsmesssystemen ist sehr wichtig, um ein wahres Bild der tatsächlichen Leistung zu erhalten.

Ein kritischer Teil des TQM-Erfolgs ist das Ausmaß, in dem die TQM-Grundsätze ganzheitlich umgesetzt wurden; die Rhetorik, die es umfasst, und die Annahme, dass TQM in der Organisation vorhanden ist, ist für den Fortschritt nicht ausreichend (Douglas und JR., 2001). Die erfolgreiche Anwendung von TQM erfordert zwingende Veränderungen in der Art und Weise, wie die Organisation arbeitet, und es ist praktisch schwierig, die Kultur einer Organisation zu verändern, wenn nicht ein breit angelegtes Kommunikationssystem vorhanden ist, das Management sich von ganzem Herzen bemüht, sich auf kontinuierliche Verbesserung und Zusammenarbeit in der gesamten Wertschöpfungskette konzentriert. (Kaynak, 2003).

Eine Lücke in den bisherigen Untersuchungen zeigt sich darin, dass einige Unternehmen fälschlicherweise annehmen, dass sie das Konzept des totalen Qualitätsmanagements übernommen haben, obwohl ihre Programme nur Komponenten der Qualitätskontrolle und Qualitätssicherung enthalten. Es ist bedauerlich, daß diese Unternehmen noch immer eine begrenzte Bedeutung von Qualität praktizieren und die Wettbewerbsfähigkeit der Qualitätsprinzipien und des Konzepts des totalen Qualitätsmanagements völlig außer acht lassen (Kanji, Kristensen und Dahlgaard, 1992). Einige Forscher haben behauptet, dass TQM nicht viel mit den tatsächlichen Ergebnissen der Leistungssteigerung zu tun hat, und einige halten TQM für eine Modeerscheinung, die früher oder später verschwinden wird (Choi und Eboch, 1998). Praktizierende Manager haben ernsthafte Zweifel am Nutzen härterer Qualitätsverfahren, zu denen unter anderem fortschrittliche Fertigungstechnologien, zellbasierte Teams und Benchmarking gehören. Diese Praktiken mögen zwar einige ehrliche Vorteile haben, doch sollten Manager bei ihrer Einführung grundsätzlich vorsichtig sein, da es unbestätigte Fälle von synergetischen Vorteilen gibt (Dow, Samson, & Ford, 1999).

Es gibt fünf Gefühle der Beklemmung, die sich als Hindernisse für die Nutzung nichtmonetärer Leistungskennzahlen erweisen: Angst vor Verlust, Angst vor dem Unbekannten, Angst vor Macht, Angst vor mangelnden Fähigkeiten, Angst vor dem Verlust des Arbeitsplatzes und schließlich Angst vor dem Verlust des Gesichts (Sinclair und Zairi, 2000). Fehlende Ausbildungsinitiativen, mangelnde Zusammenarbeit verschiedener Abteilungen, Widerstand gegen kulturelle Veränderungen und die Verwirrung zwischen dem Fertigungssystem und den Teilsystemen sind die am häufigsten genannten Probleme, die die Umsetzung von Fertigungsprogrammen in einem Unternehmen behindern (Cua, McKone und Schroeder, 2001). Einige Forscher haben behauptet, dass das Problem entweder in der Unfähigkeit liegt, alle grundlegenden Praktiken des TQM ganzheitlich umzusetzen, oder im Mangel an entsprechenden Ressourcen, die mit dem TQM verbunden werden müssen, um einen Wettbewerbsvorteil auf dem Markt zu erzielen (Douglas & JR., 2001).

Das Management hat bei der Durchführung von TQM eine komplizierte, verwirrende Führungsposition. Ohne eine gut vorbereitete Belegschaft ist es äußerst schwierig, die Abläufe in einem Unternehmen zu verbessern. Der wahrscheinlichste Grund für das Scheitern der TQM-Implementierung in mehreren Organisationen scheint die fehlende Unterstützung und das fehlende Engagement der oberen Führungsebene zu sein (Kaynak, 2003). Die Untersuchung der Leistung eines Unternehmens ist das anspruchsvollste Kriterium für die Umsetzung von TQM (Evans, 2004). Die Umsetzung von QM scheitert an der Unfähigkeit, zu erkennen, dass jede Organisation und jeder Zustand einzigartig ist (Nair, 2006). Ein wahrscheinlicher Grund für den erfolglosen Einsatz von TQM ist die Tatsache, dass TQM von kontextuellen Faktoren wie Standort und Größe der Organisation und ihrem operativen Umfang abhängig ist (Sila, 2007). Der Übergang zu TQM war jedoch wesentlich schwieriger, da weitreichende Verwirrung über die Segmente von TQM und deren Umsetzung herrschte. Dies war darauf zurückzuführen, dass TQM etwas abstrakt war und keine klaren Regeln für seine Umsetzung enthielt (Fotopoulos & Psomas, 2009).

Frühere Untersuchungen ergaben widersprüchliche Ergebnisse zu den verschiedenen QM-Praktiken, insbesondere zu den QM-Kernpraktiken und den QM-Rahmenpraktiken, die die Leistung beeinflussen (Zu, 2009). Einige negative und schwache Beziehungen von TQM mit den Leistungsergebnissen des Unternehmens stellen TQM-Praktiken dar, d. h. strategische Planung, HR-Fokus, Datenanalyse, Führung, Prozessmanagement und Rollenkonflikt (Teh, Yong, Arumugam und Ooi, 2009). Der Rollenkonflikt hat am meisten zur Angst beigetragen, mehr als jeder andere Rollenstress, z. B. quantitative Überlastung, Rollenklarheit und qualitative Unterbelastung. Wie Ortiz, Benito und Galende (2009) darlegen, kann der technologische Fortschritt eine Quelle für Wettbewerbsvorteile sein. Sowohl aus hypothetischer als auch aus beobachtender Sicht erscheint der Zusammenhang zwischen technologischem Fortschritt und TQM jedoch komplex und meist widersprüchlich. Der Zusammenhang zwischen technologischem Fortschritt und TQM ist bei hartem TQM eher schwach und sogar negativ, bei weichem TQM hingegen positiv und solide. Das Problem bei dieser Klärung ist jedoch, dass TQM im Großen und Ganzen als eine ganzheitliche Philosophie, ein "Bündel" von Leitlinien, deklariert wird, das zum Zeitpunkt seiner Umsetzung nicht zwischen hartem und weichem TQM trennt (Ortiz, Benito, und Galende, 2009). Laut Sadikoglu und Zehir (2010) gibt es keine empirischen Belege für die Auswirkungen von TQM-Praktiken auf die Leistung der Mitarbeiter oder für den Einfluss der Mitarbeitererfüllung auf die Unternehmensleistung. Die Lernorientierung von Dienstleistungsunternehmen bietet keine großen Chancen, eine höhere Marktleistung zu erzielen (Lam, Lee, Ooi, and Lin, 2011). Die Synergie zwischen Lernorientierung, TQM und Marktleistung ist viel zu gering. Andererseits stehen Markt- und Finanzleistung in einem negativen Zusammenhang mit den Umweltmanagementpraktiken des Unternehmens. Dennoch können die negativen Auswirkungen von Umweltmanagementpraktiken auf die Markt- und Finanzleistung durch eine Verbesserung der Umweltleistung erheblich verringert werden (Yang, Hong & Modi, 2011).

Eine kritische Betrachtung zeigt, dass mit dem spezifischen Ziel, Qualität als Schlüsselthema zu schaffen, eine Neudefinition des Konzepts erforderlich ist, die seinen aufkommenden Teil als eine aggressive, auf die Kundenbedürfnisse fixierte Waffe bewertet (Kanji, Kristensen und Dahlgaard, 1992). Ein konsequenter Verbesserungsprozess ist der erkennbare Nachweis von Verbesserungsbereichen und die Benennung von Werten (Kanji, Kristensen und Dahlgaard, 1992). Das Ziel von Unternehmen sollte es sein, ihr Angebot am Markt ständig zu verbessern (Choi und Eboch, 1998).QM-Standards und -Methoden sind heute ein sehr anerkannter Bestandteil des "Werkzeugkastens" praktisch jedes Managers (Dow, Samson und Ford, 1999). Unternehmen, die ein Element des Qualitätsmanagements erhalten, z.B. die Kundenorientierung, werden wahrscheinlich auch andere Elemente nutzen, z.B. Benchmarking oder Qualitätszirkel (Dow, Samson, & Ford, 1999).

Die Kriterien der Qualitätsauszeichnung sind die am häufigsten verwendete Strategie für die Gestaltung der TQM-Komponenten. Die Führung hat das Umweltmanagement in die Produktion integriert, indem sie die Ideen der Mitarbeiter auf der Betriebsebene für die kontinuierliche Verbesserung, den Wandel und die Einigkeit der Vernunft nutzt. Das Management der Mitarbeiter, das auf Kommunikation, Schulung und Ausbildung, Entwicklung, Multitasking und Flexibilität der Mitarbeiter, Rollen und Verantwortlichkeiten der Mitarbeiter und Metriken der Arbeitszufriedenheit der Mitarbeiter ausgerichtet ist (Dow, Samson und Ford, 1999). Design- und

Entwicklungsbestrebungen beinhalten langwierige Arbeit im Hintergrund, während das Management der Prozesse in der Regel am vorderen Ende angesiedelt ist und in der Regel stärker wahrgenommen wird, jedoch taktischer Natur ist (Ahire und Dreyfus, 2000).Die Kultur einer Organisation wird durch die Messung geformt, es bedarf einer langfristigen Bewertungsänderung im Verständnis aller Beteiligten. Das wichtigste Instrument für die kontinuierliche Verbesserung ist zweifellos die Messung (Sinclair und Zairi, 2000). Es gibt verschiedene Arrangements von Praktiken, die für die Verbesserung bestimmter Leistungsparameter am besten geeignet sind, auf jeden Fall umfasst jedes dieser Setups Arbeiten an einem Platz mit jedem der drei Projekte und beinhaltet sowohl technisch als auch sozial basierte Geschäftspraktiken (Cua, McKone und Schroeder, 2001). TQM-umfassende Unternehmen haben einen strategischen Vorteil gegenüber Unternehmen, die nicht an die TQM-Philosophie glauben (Douglas und JR., 2001).

Zu den wichtigsten kritischen Komponenten einer erfolgreichen TQM-Implementierung gehören eine offene Organisation, die Befähigung der Arbeitnehmer, das Engagement des oberen Managements und die Führung sowie indirekte Faktoren wie der Einfluss der Nähe zu den Zulieferern auf die finanzielle Leistung (Kaynak, 2003). Es ist erwähnenswert, dass Unternehmen, die über ein ausgereiftes und aktualisiertes System zur Leistungsmessung verfügen, in der Regel bei Finanz-, Kunden- und Leistungsparametern eine hohe Punktzahl erreichen (Evans, 2004). Leistungsbezogene Verbesserungen können sich aus einer unübertroffenen Synergie zwischen JIT oder TQM und leistungsorientierten Zielen und leistungsorientierten Belohnungen ergeben (Maksoud, Dugdale und Luther, 2005). Weiches TQM besteht unter anderem aus Elementen wie strategischer Qualitätsplanung, Führung und Personalpraktiken, während harte TQM-Komponenten in Wirklichkeit einen großen Einfluss auf die Unternehmensleistung haben (Rahman und Bullock, 2005). Einige Befürworter von QM erklären, dass QM im Gegensatz zur Betrachtung von

Kontextfaktoren als grundlegende Quelle von Ressourcen und Einschränkungen eine "grenzenlose Organisation" berücksichtigen muss (Nair, 2006). Qualitätsverbesserung ist das Ergebnis sowohl von Infrastruktur-QM als auch von Kernqualitätsmanagementpraktiken. Es ist von entscheidender Bedeutung, dass Organisationen Ressourcen für die Einrichtung der beiden Arten von QM-Praktiken bereitstellen und dabei das Endziel im Auge behalten, die Angemessenheit der gesamten Qualitätsmanagementpraktiken zu erreichen (Zu, 2009). Umweltpraktiken und "Lean Manufacturing"-Praktiken sind synergetisch, da sie sich auf die Verringerung von Verschwendung und Verschwendung konzentrieren. Die "schlanke Produktion" wird jedoch nicht in der Lage sein, die Unternehmensleistung allein zu verbessern, da es zu Konflikten zwischen den Praktiken der schlanken Produktion und den Zielen der Umweltleistung kommen kann (Yang, Hong, & Modi, 2011).

Theoretisch gesehen, so Kanji, Kristensen und Dahlgaard (1992), sind die Auswirkungen auf die Schulung und Ausbildung im Bereich der Qualität ebenso wie die Festlegung von Zielen und die abteilungsübergreifende Programmbewertung zwingende Bestandteile der Organisationsverfahren. Die Bedeutung von Praktiken wie Lieferantenbeziehungen, Einsatz von Teams, Benchmarking, fortschrittliche Fertigungssysteme und Ausbildung hängt in hohem Maße davon ab, welche Definition von QM man zugrunde legt (Dow, Samson und Ford, 1999). Es ist erwähnenswert, dass die Quantität und Qualität der Informationen, die den Managern der Unternehmen zur Verfügung stehen, einen direkten Einfluss auf die Unternehmensleistung haben. Die Bedürfnisse, Wünsche und Anforderungen des Marktes sollten die Grundlage für die Leistungsmessungen bilden und müssen sich als KPIs in der Gesamtstrategie des Unternehmens widerspiegeln (Sinclair und Zairi, 2000). Qualitätsinfrastrukturen erweitern in der Regel die Bedeutung des abteilungsübergreifenden Prozessmanagements und der Produktgestaltung. Außerdem unterstreichen sie die Einbeziehung von Kunden, Arbeitnehmern und Lieferanten, um dem Markt qualitativ hochwertige Waren und Dienstleistungen anzubieten (Cua, McKone und Schroeder, 2001). Es liegt auf der Hand, dass Forscher, die sich an der TQM-Forschung beteiligen, sich auf zahlreiche Fragen des Forschungsdesigns konzentrieren sollten, wenn sie hypothetisch stabile Schlussfolgerungen erzielen wollen (Kaynak, 2003). Organisationen, die beispielsweise TQM anwenden und nach ISO 9000 zertifiziert sind, dürften eine bessere Leistung erbringen als Organisationen, die kein TQM anwenden oder nicht ISO-zertifiziert sind (Sila, 2007). Der Rollenkonflikt kann auf mittlerer Ebene eingedämmt werden, indem zusätzliche Veränderungen in den Unternehmen vorgenommen werden. Ein grundlegender Ansatz zur Bewältigung des Rollenkonflikts ist die Veränderung des Arbeitsumfelds, um den Rollenkonflikt ganz zu beseitigen oder zu verringern (Teh, Yong, Arumugam, & Ooi, 2009).

In der Praxis hat ein lebendiger Umgang mit Qualität zwingende Auswirkungen auf die Unternehmenspolitik. So muss beispielsweise die Betonung der technischen Fähigkeiten durch ein umfassenderes Verständnis der Rolle der Qualität im strategischen Ansatz des Unternehmens ergänzt werden (Kanji, Kristensen und Dahlgaard, 1992). Sieben besondere Praktiken - qualitätsorientierte Aus- und Weiterbildung, Qualitätsphilosophie, oberes Management, Unterstützung, Einbeziehung des Teams, Management by Fact, ständiges Streben nach Verbesserung und kundenorientierte Veränderungen - scheinen als koordinierter Rahmen zu funktionieren (Douglas und JR., 2001). Entscheidende Konsequenzen für Manager sind, dass sie die Investition von Zeit und anderen Ressourcen in Betracht ziehen müssen, um ganzheitliche TQM-Programme für hervorragende Leistungen zu realisieren. Die tragfähige Kontrolle der "weichen" Komponenten muss durch die "harten" Komponenten des TQM aufrechterhalten werden (Fotopoulos und Psomas, 2009). Vorgesetzte können in den TQM- und HRM-Praktiken ein Instrument zur Verbesserung und Förderung von Innovationsfähigkeit und Leistung entdecken (Ortiz, Benito, & Galende, 2009).

Abschließend enthält dieser kritische Überblick einige Erkenntnisse und Verpflichtungen für QM-Forscher und praktizierende Manager. Viele Organisationen beziehen Qualität als einen wichtigen Bestandteil in ihren strategischen Planungsprozess ein. Erfinderische Arbeit ist für die gemeinsame Weiterentwicklung von Managementpraktiken von grundlegender Bedeutung, und sie sollten Teams, Zusammenarbeit, ineinandergreifende Teamstrukturen, Teameinbindung und -befähigung, Projektteams und ineinandergreifende Teamstrukturen usw. einbeziehen. Wenn einem allgemeinen Plan zur Qualitätsverbesserung eine übermäßige Anzahl unnötiger Praktiken beigefügt wird, kann dies den Einzelnen verwirren und gleichzeitig die notwendige Unterstützung für die Umsetzung des allgemeinen Programms zur Verbesserung der Leistung der Organisation untergraben. Um herausragende Qualitätsergebnisse zu erzielen, müssen die Unternehmen ihre Pläne und Prozesse anpassen und diese langfristig umsetzen. Die Durchführbarkeit eines umfassenden Qualitätsmanagements hängt von der Fähigkeit eines Unternehmens ab, ein ausgewogenes Verhältnis zwischen Lernen und Kontrolle aufrechtzuerhalten. Ein korrekt durchgeführtes und mit der Leistung der Organisation abgestimmtes totales Qualitätsmanagement kann ein Mittel sein, das es den Unternehmen ermöglicht, sich in einer gezielten und wettbewerbsfähigen Art und Weise zunehmend an ihre Umgebung anzupassen. Ein Unternehmen kann nicht nur einen Teil der oben erwähnten TQM-Elemente auswählen und hoffen, dass es aus der Umsetzung eines unvollständigen TQM die vollen Vorteile ziehen kann.

Die wichtigsten TQM-Faktoren, die sich auf die Leistung der Unternehmen auswirken, sind Führung und Initiative des oberen Managements, Management der Lieferantenbeziehungen, strategische Qualitätsplanung, Kundenorientierung, Qualitätssicherung, Qualitätskontrolle, Daten und Analyse, Prozesskontrolle, kontinuierliche Verbesserung, Zusammenarbeit im Team, Mitarbeiterzufriedenheit, HRM-Praktiken, Produktdesign und -entwicklung, Benchmarking, soziale

Verantwortung und Befähigung der Mitarbeiter. Weiche TQM-Komponenten beeinflussen ununterbrochene Verbesserungen, die sich somit auf drei Leistungsmaße auswirken, z. B. beeinflussen Rentabilität, Kundenzufriedenheit, gemeinsame Visionen und Lieferantenbeziehungen drei von vier harten TQM-Komponenten (Verwendung von JIT-Standards, Innovation und Technologieeinsatz sowie konsequente Befähigung zum Wandel). Jede einzelne dieser Komponenten beeinflusst somit die Rentabilitätsmessung der Leistung. Die wichtigsten Errungenschaften bei der Umsetzung von TQM-Praktiken in Unternehmen waren die Ausweitung des Marktanteils, die Senkung der Preise, die Steigerung des Gewinns, die Verbesserung der Qualität, die Erfüllung der Aufgaben, die problemlose Einhaltung von Fristen, die Verbesserung der Arbeitszufriedenheit, die Verringerung von Konflikten, die Verringerung von Mängeln und schließlich die Begeisterung der Kunden.

KAPITEL 5

Prüfung von TQM-Vergabemodellen und -Rahmenwerken

Nach Winn & Cameron (1998) ist "Qualität ein Begriff, der sich sowohl auf ein Endergebnis als auch auf einen Prädiktor für ein Endergebnis in Organisationen bezieht". Nahezu die gesamte wissenschaftliche Literatur vor Mitte der 80er Jahre und ein Großteil der Literatur seither behandelte Qualität als Indikator für die Effektivität einer Organisation, d. h. für das Ausmaß, in dem die Organisation selbst Qualitätsprinzipien und -praktiken widerspiegelt. Zu den sieben am häufigsten vorkommenden Definitionen von Qualität in Organisationen gehörten die "transzendente, produktbasierte, benutzerbasierte, fertigungsbasierte, wertbasierte, systembasierte und kulturelle Definition".

Oakland (2005) erwähnte, dass sich das Tempo des Fortschritts in den Unternehmen des öffentlichen und privaten Sektors rund um den Globus immer weiter beschleunigt, da sie sich dem Test der wachsenden Konkurrenz und dem Streben nach verbesserter Leistung stellen müssen. In den letzten zwei Jahrzehnten haben die Unternehmen eine Zeit außergewöhnlicher Veränderungen in ihren Geschäftsabläufen und auf den Märkten erlebt. Die globale und lokale Konkurrenz hat dazu geführt, dass zahlreiche Unternehmen mit einem unaufhaltsam turbulenten und bedrohlichen externen Umfeld konfrontiert sind. Die Rivalität zwischen den Unternehmen hat sich verschärft und ist moderner geworden, die Kunden sind mächtiger und damit anspruchsvoller geworden, und das Tempo des technologischen Fortschritts hat sich beschleunigt (Oakland, 2005). Als Reaktion auf diese Entwicklungen haben viele Unternehmen eine Reihe von Verbesserungsmethoden eingeführt und Qualitätsauszeichnungssysteme eingeführt.

TQM wird häufig als "gefallener Stern" betrachtet, da TQM Probleme damit hatte, überhaupt mit Organisationen verbunden zu sein. In jedem Fall wird behauptet, dass es keine Gelegenheit ist, zu beurteilen, ob TQM verpufft oder erfolgreich ist. Der Grund für diese Überlegung ist, dass sich die TQM-Philosophie weiterentwickelt hat (Dale, Zairi, Wiele, and Williams, 2000; Kim, Kumar, and Murphy, 2008; Kim, Kumar, and Murphy, 2010). Wie von Bou-Llusar J., Escrig-Tena, Roca-Puig und Beltran-Martin (2009) dargelegt, ist das totale Qualitätsmanagement (TQM) eine Art und Weise des Managements, die sowohl technische als auch soziale Parameter umfasst und auf die Erzielung hervorragender Ergebnisse abzielt, die durch ein bestimmtes System erzielt werden sollen. Heutzutage werden Qualitätsauszeichnungsmodelle, z. B. das Excellence-Modell der European Foundation for Quality Management (EFQM), der Malcolm Baldrige National Quality Award (MBNQA) und die ISO9000-Normen, Six Sigma und der Deming-Preis (DP) sowie die Lean-Betrachtung von einer großen Anzahl von Unternehmen als Handbuch für die TQM-Ausführung verwendet. Seit den 1990er Jahren nutzen die meisten Unternehmen die Modelle zur Unterstützung von Qualitätspreisen, z. B. das Modell des Malcolm Baldrige National Quality Award (MBNQA) in den USA, den European Quality Award (EFQM Excellence Model) in Europa und den Deming-Preis (DP Model) in Japan, als Struktur für die Umsetzung von TQM-Aktivitäten. Zahlreiche Forscher haben Qualitätsmodelle als operative Strukturen für TQM betrachtet (Bou-Llusar J., Escrig-Tena, Roca-Puig und Beltran-Martin, 2009). Modelle in Anbetracht der Qualitätsauszeichnungen und ihrer wesentlichen Bestandteile könnten als wesentliche Systeme für TQM angesehen werden, die auch zur Definition von TQM passen.

Nach Dijkstra (1997) ist das EFQM-System ein heuristischer Komplex von Ideen und Gedanken über einen allgemeinen Zusammenhang zwischen Unternehmensergebnissen und Führung. Das EFQM-Handbuch ist ein hervorragendes Instrument zur Selbsteinschätzung. Zwei Hauptziele dieses Instruments sind die Teilnahme am Wettbewerb um den Europäischen Qualitätspreis und die interne Qualitätsbewertung und -verbesserung. Der erste EFQM-Rahmen umfasst fünf Bereiche für die Befähiger und vier Bereiche für die Ergebnisse. Die Bereiche der Befähiger sind Strategie, Politik, Prozesse und Ressourcen, Führung und

Personalmanagement. Die Ergebnisbereiche sind Kundenzufriedenheit, Zufriedenheit des Einzelnen (der Arbeitnehmer), Geschäftsergebnisse und Einfluss auf die Gesellschaft (Dijkstra, 1997; Eskildsen, Kristensen und Johl, 1998-2001; Eskildsen und Dahlgaard, 2000; Oakland, 2005; Mora, Leal und Roldan, 2006; Dahlgaard-Park und Dahlgaard, 2007; Kim, Kumar und Murphy, 2008; Bou-Llusar J, Escrig-Tena, Roca-Puig, and Beltran-Martin, 2009; Kim, Kumar, and Murphy, 2010). Das EFQM-Modell kann auf verschiedene Weise genutzt werden. Es kann als Instrument zur Selbsteinschätzung, als Ansatz zum Benchmarking mit anderen Unternehmen, als Grundlage für ein typisches Vokabular und eine Denkweise, als Struktur für das Managementsystem des Unternehmens und als Handbuch zur Identifizierung von Verbesserungsbereichen verwendet werden (Kim, Kumar und Murphy, 2008).

Das MBNQA-System besteht aus sieben Schlüsselmessungen, die zeigen, welche Verfahren, Strategien und Ergebnisse mit einem Qualitätsunternehmen verbunden sind. Zu den sieben Schlüsselelementen gehören Führung, Qualitätsdaten und -analyse, Prozessqualitätsmanagement, Kundenzentrum und -zufriedenheit, Personalausbildung und -entwicklung sowie strategische Qualitätsplanung (Winn und Cameron, 1998; Flynn und Saladin, 2001; Oakland, 2005). Das Business Excellence-Modell der European Foundation for Quality Management (EFQM) wird allgemein als Mittel zur Verbesserung des konventionellen Total Quality Management (TQM) angesehen, indem es das kurzsichtige Qualitätskonzept zu einer umfassenden Managementphilosophie erweitert (Kim, Kumar, & Murphy, 2010).

Der Malcolm Baldrige National Quality Award hat sich von einer Methode zur Erkennung und Förderung hervorragender Qualitätsverwaltungspraktiken zu einer umfassenden Struktur für Weltklasseleistungen entwickelt, die im Allgemeinen als Modell für die Entwicklung verwendet wird (Flynn und Saladin, 2001). Wie von Burgess (1999) dargelegt, stellen Normen darstellbare Bedingungen und Merkmale dar, die "inspizierbar" sind. Die Norm (ISO 9001/2) wird derzeit eher als

Marketinginstrument denn als Qualitätsinstrument betrachtet. Normen werden aus drei sehr außergewöhnlichen Gründen eingesetzt, nämlich um die allgemeine Anerkennung zu fördern, um Zertifizierungen zu ermöglichen und um einzelne Organisationen bei bestimmten Aufgaben zu unterstützen. (Burgess, 1999). Nach Conti T. (1999) wurde der Normungsprozess durch die richtige Konfrontation zwischen allen beteiligten Personen, d. h. den Käuferfirmen, der industriellen Konkurrenz und den Vertretern der Gemeinschaft, eingeleitet. Nach Evans (2004) sind die beiden überzeugendsten Strukturen für die Messung der Leistung von Organisationen die Malcolm-Baldrige-Kriterien für Spitzenleistungen und die Balanced Score Card. Die Malcolm Baldrige Criteria for Performance Excellence (Malcolm Baldrige Kriterien für Spitzenleistungen) bieten eine vergleichbare, wenn auch etwas einzigartige Struktur wie die Balanced Scorecard. In der Kategorie "Geschäftsergebnisse" sind die Leistungskennzahlen in fünf bemerkenswerte Kategorien eingeteilt: Markt und Finanzen, Personalwesen, Leistung von Lieferanten und Partnern, organisatorische Exzellenz und Kunden. Nach Oakland (2005) war der Deming-Preis in Japan das erste formale Qualitätsauszeichnungssystem. Zu den Untersuchungsperspektiven gehören: Initiative und Führung der obersten Verwaltungsebene, TQM-Strukturen, HR-Praktiken, Verwendung von Daten und wissenschaftlichen Methoden, Qualitätssicherung und -systeme, Erfüllung der Unternehmensziele sowie Werte und Konzepte. Ein vergleichsweise neues strategisches Qualitätsmodell (das "4P"-Modell) zur Erreichung von organisatorischer Exzellenz (OE) ist eine Folge des Aufbaus von Brillanz in den begleitenden "4P" - Partnerschaft, Prozesse, Produkte und Menschen (Dahlgaard-Park und Dahlgaard, 2007).

In der Vergangenheit waren einige Nationen besonders bereit, die Normung als grundlegenden Faktor für die soziale und finanzielle Entwicklung zu betrachten. Aus interner Sicht waren Normen entscheidende Elemente für das Wachstum der Volkswirtschaften. Aus globaler Sicht erwiesen sie sich häufig als Hindernis für den freien Handel, da sie die Grenzen des Schutzes erhöhten. ISO 9000 entstand aus der

Notwendigkeit, Qualitätsfragen in rechtsverbindlichen Beziehungen zwischen Unternehmen (oder Unternehmen und Organisationen) zu rechtfertigen (Conti T., 1999). Exemplarische Qualität wurde in den USA unter einem anderen neuen Vorwand, einem anderen neuen Namen - diesmal nicht Exzellenz, sondern Six Sigma - wieder zum Leben erweckt (Dale, Zairi, Wiele, & Williams, 2000).

Die Lücke in den bisherigen Untersuchungen zeigt, dass eines der wirklichen Hindernisse für empirische Untersuchungen der Qualität in Unternehmen darin besteht, dass es schwierig ist, richtig zu beschreiben, was Qualität ist (Winn und Cameron, 1998). Ein Großteil der Qualitätsprobleme und -behinderungen ist nicht auf Kapazitätsprobleme oder die Motivation der Mitarbeiter zurückzuführen, sondern auf Mängel in der Art und Weise, wie die Prozesse organisiert sind (Winn und Cameron, 1998). Das Thema Qualitätsrahmen oder Qualitätssicherungsspezifikationen wurde aufgegeben, nicht weil es keinen Wert hätte, sondern weil es als Vorbedingung für einen Qualitätswettbewerb angesehen wurde (Conti T., 1999). Das EFQM-Excellence-Modell ist als Hilfsmittel zum Verständnis der Elemente, die zu zufriedenen und motivierten Mitarbeitern führen, nicht besonders hilfreich (Eskildsen und Dahlgaard, 2000). Probleme mit den Modellstandards können auf unangemessene Standards für die funktionale Form der Beziehung, die Berücksichtigung oder Vermeidung bestimmter unabhängiger Variablen oder Fehler bei der Schätzung von Variablen zurückzuführen sein (Flynn, Schroederb & Sakakibara, 1994).

Während die Auszeichnungsmodelle eine Infrastruktur für das Verständnis von Exzellenz und Qualität bieten, sind sie aufgrund ihres nicht präskriptiven Charakters für die Überwindung der Qualitätslücke unzureichend - sie sind keine Nutzungsmodelle (Oakland, 2005). Ein Selbstevaluierungsprozess anhand dieser Systeme gibt Aufschluss über die Unzulänglichkeiten in den Einflussfaktoren der Organisation und die Lücken in der tatsächlichen Leistung, aber er gibt keine besonderen Hinweise auf die besten Praktiken und zeigt nicht auf, wie man diese Punkte miteinander verbindet.

Das Ungleichgewicht, bei dem das menschliche Maß vernachlässigt wird, während Instrumente und Systeme in Ausführungsverfahren organisiert werden, kann eine der grundlegenden Determinanten für TQM-Enttäuschungen sein. Das Ergebnis ist eine Enttäuschung bei der Umsetzung, und das Engagement des Einzelnen kann angesichts der Tatsache, dass die Verbesserung und Entwicklung des Einzelnen noch lange nicht erreicht ist, nicht gefördert werden (Dahlgaard-Park & Dahlgaard, 2007).

Frühere empirische Untersuchungen haben gezeigt, dass Qualitätsmanagement zunächst als Bestandteil des als "World Class Manufacturing" bekannten integrierten Ansatzes gesehen wird. Die Untersuchung der Qualität im Hinblick auf "World Class Manufacturing" zeigt ihre Grenzen in Bezug auf verschiedene Methoden auf, z.B. HRM, JIT, usw. Der Ansatz der "World Class Manufacturing" bietet einen Wettbewerbsvorteil (Flynn, Schroederb, & Sakakibara, 1994).

Die Anwendung von umfassenden Managementmodellen, z. B. des EFQM-Modells für Spitzenleistungen, wirkt sich positiv auf die Unternehmensausführung aus (Eskildsen, Kristensen und Johl, 1998-2001). Es gibt so gut wie keine Untersuchungen zur Gewichtsstruktur, was im Zusammenhang mit der Anwendung des Modells problematisch ist, da es die Frage aufwirft, ob es gut ist, Organisationen mit einer selbstbehauptenden Gewichtsstruktur zu vergleichen, die nie genau ausprobiert wurde (Eskildsen, Kristensen und Johl, 1998-2001). Dass sich TQM nicht durchgesetzt hat, liegt nicht an der Idee, sondern an der Art und Weise, wie sie in ein Unternehmen eingebracht und von den Vorgesetzten angewandt wurde. Es ist schockierend, wie viele grundlegende Fehltritte von leitenden Managern und ihren Beratern im Zusammenhang mit Themen wie Korrespondenz, Kommunikation, Problemlösungsmetriken, Grundlage, Gruppe und Unternehmungen, Beitrag, kritisches Denken und Einschätzung gemacht werden (Dale, Zairi, Wiele und Williams, 2000). Der Einsatz von umfassenden Managementmodellen, wie z. B. dem EFQM-Modell für Spitzenleistungen, wirkt sich positiv auf die Unternehmensführung aus. Es gibt jedoch einige Teile des EFQM-Exzellenzmodells, die mit einem bestimmten Ziel überprüft werden sollten, um das Modell als Selbstbewertungsinstrument hilfreicher zu machen (Eskildsen, Kristensen und Juhl, 2001). Frühere Forschungen über die lockere Struktur des EFQM-Exzellenzmodells haben gezeigt, dass die Kriterien der Befähiger in einer außerordentlich komplexen Struktur miteinander verbunden sind, so dass es äußerst schwierig ist, zwischen ihnen zu unterscheiden (Eskildsen, Kristensen, und Juhl, 2001). Qualitätsdaten und -untersuchungen haben eine solide, positive Wirkung auf die wichtige Qualitätsplanung, das Qualitäts- und Prozessmanagement. Die Ergebnisse werden durch HRM und Prozessverwaltung beeinflusst (Rho, Lee und Lee, 2003). Die Anordnung der Kriterien für die Befähigungsfaktoren wird nachdrücklich mit den Ergebniskriterien identifiziert, und mit Ausnahme der Ansatz- und Verfahrenskriterien sind alle Befähigungseinflüsse und Ergebniskriterien im EFQM Excellence Modell entscheidend für diese Beziehung (Bou-Llusar J. C., Escrig-Tena, Roca-Puig, & Martin, 2005).

Ein Vergleich der Modelle zeigt, dass Qualitätsauszeichnungen von zahlreichen Verbänden entweder als Instrument genutzt wurden, um ihre Fortschritte bei der TQM-Rezeption zu überprüfen, oder um für die spezifische Auszeichnung zu werben, die sie anstrebten (Yusof und Aspinwall, 2000). Modelle, die auf Auszeichnungen basieren, wären, wenn sie von privaten Unternehmen als Ausführungsstruktur verwendet werden, zu unübersichtlich, zu umfangreich und würden eine Sprache beinhalten, mit der zahlreiche unabhängige Unternehmensleiter nicht vertraut sind (Yusof und Aspinwall, 2000). Kulturbezogene Elemente sind für die Durchführung von TQM von wesentlicher Bedeutung, da über die Schaffung eines Qualitätsrahmens hinaus auch eine Qualitätskultur zur Unterstützung der Praxis erforderlich ist (Khoo und Tan, 2003). Japanische und US-amerikanische Unternehmensverbände zeigen unterschiedliche Kontraste in ihrem Umgang mit der Umsetzung von TQM. Die gemeinsamen Ideen von MBNQA und JQA sind soziale Verpflichtungen, repräsentative Schulungen, starke Kundenorientierung und anhaltende Veränderungen (Khoo und Tan, 2003). Die

Anwendung von TQM in den größten saudischen Unternehmen ist noch ausbaufähig, da nur knapp 40 % von ihnen TQM anwenden (AL-Harkan, 2007). Die Größe des Unternehmens, die Art des Kundenstamms und der Besitz von ISO 9000 sowie die potenziellen Vorteile, die sich aus seiner Anwendung ergeben können, hängen mit der wahrgenommenen TQM-Leistung zusammen (AL-Harkan, 2007). Laut Kumar (2007) unterstützt der Deming-Preis ein Unternehmen auf dem Weg zum Qualitätsmanagement, indem er eine "Beratung vor der Anwendung" fordert, während das MBNQA davon ausgeht, dass ein Unternehmen seine Reise zum TQM beginnt, indem es sein Firmenprofil durch eine "Selbstbewertung" erstellt.

Eine kritische Analyse zeigt, dass vor der tatsächlichen Umsetzung ein solides Ausführungssystem geschaffen werden muss, um eine wirksame Einführung von TQM in jedem Unternehmen zu gewährleisten (Yusof und Aspinwall, 2000). In Anbetracht des Bildes vom "gefallenen Stern" hat die EFQM in ihrem Modell für Spitzenleistungen die Verweise auf Qualität und TQM kontinuierlich gestrichen (Dale, Zairi, Wiele und Williams, 2000). Mehr als 600.000 Organisationen haben seit der Vorstellung der Normen bestätigt (wenn man die größten Organisationen und ihre Zulieferer mitzählt), dass Verbesserungen sehr weit verbreitet sein sollten (Conti T., 2004). ISO 9000 war ein echtes Geschenk und ein klarer Beweis für die Vorteile, die sich aus Normen ergeben können, wenn sie positive Reaktionen auf echte Anforderungen hervorrufen (Conti T., 1999).

Laut AL-Harkan (2007) gibt es vier bemerkenswerte Qualitätsauszeichnungen: ISO 9000-Normen, der Malcolm Baldrige National Quality Award (MBNQA), die European Foundation for Quality Management (EFQM) und der Deming-Preis. Sie stellen drei Faktoren dar, die zahlreiche westliche Länder dazu veranlasst haben, Qualitätsauszeichnungen zu verleihen. Diese Faktoren sind: Qualität ist ein wichtiger Faktor für die Wettbewerbsfähigkeit; Benchmarking und Selbstbeurteilung sind grundlegende Verfahren zur Leistungssteigerung; und die Verleihung des Deming-

Preises in Japan. Die Qualitätspreise wurden im Hinblick auf die folgenden Punkte untersucht: Anwendungsklassen, grundlegende Struktur, Prüfkriterien, Anwendungsmethodik, Bewertungsstrategien, Vorteile, Schwächen und Auswirkungen der Preise. Wie Kumar (2007) angibt, werden in jedem der Modelle die Loyalität der Verbraucher, die Zufriedenheit der Mitarbeiter und die Zufriedenheit der Gemeinschaft hervorgehoben. Die Kriterien variieren jedoch in Bezug auf das, was sie unter den sieben Qualitätsbereichen verstehen - Anbieter, Initiative, Kunden, Planung, Mitarbeiter, Ergebnisse und Prozesse Für die DV wird die Prüfung eines Unternehmens unter "Bewertungskriterien" und "Beurteilungskriterien" geführt. MBNQA bewertet ein Unternehmen anhand einer einzigen zusätzlichen Messung eines zusammengesetzten Scores. Mit Ausnahme des Kriteriums "Führung" spiegeln sich alle anderen Kriterien des MBNQA in den Kriterien der "Basiskategorien" des DP wider. Das DP erörtert den Eifer des Managers für TQM. MBNQA und das DP halten ein Benchmarking aufrecht; MBNQA hat einen weitaus wettbewerbsfähigeren Ansatz, da nur zwei Unternehmen in jeder Klasse eine Zertifizierung erhalten können (Kumar, 2007). Der Ansatz der Selbstbewertung, der von Beratern oder anderen Spezialisten, die als EFQM-Bewerter vorbereitet wurden, vorgeschlagen wird, ist häufig ein auf Auszeichnungen basierender Ansatz, ungeachtet der Möglichkeit, dass die Organisationen einen signifikant unterschiedlichen Ansatz benötigen (Dahlgaard-Park und Dahlgaard, 2007). Der richtige Ansatz für die Durchführung hängt von der aktuellen Entwicklungsstufe der Organisation und der bestehenden hierarchischen Kultur ab (Dahlgaard-Park und Dahlgaard, 2007). Ein bemerkenswertes Problem bei den verschiedenen Exzellenzmodellen und den Managementpraktiken dieser Modelle besteht darin, dass die Menschen diese Modelle nach wie vor aus einer mechanistischen und positivistischen Sichtweise heraus entschlüsseln. Der hohe Prozentsatz an Misserfolgen bei der Umsetzung von TQM- und Exzellenzmodellen hängt auf jeden Fall mit diesem Problem zusammen (Dahlgaard-Park und Dahlgaard, 2007).

Wenn TQM hypothetisch gesehen "entworfen und aufgebaut" werden soll, dann braucht man ein allgemeines Bild und eine Struktur für die Ausführung, die als System bezeichnet wird, um diese relevanten und wesentlichen Übungen durchzuführen (Yusof und Aspinwall, 2000). Die Organisationsstruktur wird als ein Gesichtspunkt betrachtet, der vor der Verwendung eingehend überdacht werden sollte. Eine einfachere Struktur scheint zu einer effektiven Nutzung von Business Excellence beizutragen, ebenso wie eine weniger formalisierte Struktur in Bezug auf zusammengesetzte Prinzipien und Überwachung (Bauer, Falshaw, und Oakland, 2005). Das Unternehmen muss proaktiv in seiner Innovationsfähigkeit, agilen Fertigung und Massenanpassung sein und darüber hinaus eine kundenorientierte Kultur aufbauen und in der Lage sein, den richtigen Artikel am richtigen Ort, zur richtigen Zeit und zum richtigen Preis anzubieten (Calvo-Mora, 2005).

Im Wesentlichen sollten Manager eine solide Grundlage für die Qualitätsverwaltung im Hinblick auf Initiative, Daten und Untersuchungen schaffen. Eine gute Prozessverwaltung ist sowohl für die Qualitätsleistung als auch für die Kundenzufriedenheit unerlässlich. HRM ist ebenso wichtig für die Zufriedenheit der Verbraucher wie die Qualitätsleistung für die strategische Planung (Flynn und Saladin, 2001). Aus der Sicht der Praktiker erfordern Qualitätspraktiken bessere Verbindungen zwischen Top-Administrationsinitiativen und Qualitätsrahmen sowie zwischen QI&A und Qualitätsrahmen (Rho, Lee, and Lee, 2003). Es besteht ein Bedarf an besseren Methoden zur Untersuchung von Leistungsergebnissen und die Notwendigkeit, komplexere statistische Techniken und Vergleiche mit Konkurrenten und Benchmarking in die Leistungserhebungsformen der Unternehmen zu integrieren (Evans, 2004). Manager müssen die technischen und sozialen Praktiken in Bezug auf eine TQM-Aktivität anpassen, da Bemühungen, die sich auf ein oder mehrere Themen konzentrieren, weniger überzeugend sind (Bou-Llusar J., Escrig-Tena, Roca-Puig und Beltran-Martin, 2009).

Abschließend lässt sich sagen, dass ungeeignete Taktiken zur Umsetzung von TQM vielleicht die häufigste Erklärung für Misserfolge sind. Es sollten größere Anstrengungen unternommen werden, um wirklich fruchtbare Qualitätsstrategien zu entwickeln, damit die Entwicklungsländer erkennen können, was für ihre spezifischen Umstände geeignet ist. Der Erfolg von Unternehmen hängt nicht nur von der Umsetzung grundlegender Qualitätsprogramme (Marktorientierung, strategische Planung, Kundenorientierung) ab, sondern auch von zusätzlichen Qualitätsprogrammen (Prozessmanagement und Personalwesen). Es wurden verschiedene Methoden entwickelt, um einen überlegenen Ansatz zur Verbesserung der Qualitätspraktiken zu finden und die verschiedenen Qualitätsmanagementsysteme zu aktualisieren, z. B. Qualitätsauszeichnungen, das TQM, Instrumente und Geräte zur Quantifizierung der Erfolgsfaktoren dieser Qualitätsmanagementrahmen. Die Zusammenarbeit mit den Mitarbeitern und die Zufriedenheit der Kunden sind die wichtigsten Faktoren für eine kontinuierliche Verbesserung und die Zufriedenheit der Kunden in den meisten etablierten Qualitätsmanagementsystemen. Manager sollten sich auf drei grundlegende Treiber der Qualitätsausführung konzentrieren: Führungsinitiativen, die am wichtigsten sind, Prozessverwaltung sowie Daten und Untersuchungen.

Unternehmen mit einem besser entwickelten Rahmen für die Leistungsbewertung berichten über bessere Ergebnisse in Bezug auf die monetäre Leistung, die Kunden und den Markt. Qualitätsauszeichnungsmodelle sollten später eher wie ein Geschäfts-/Verwaltungskontrollmodell eingesetzt werden, bei dem es in erster Linie um Verbesserungen und nicht um die Vergabe von Auszeichnungen geht. Unter dieser Bedingung wird das Modell im Vergleich zu anderen Managementkontrollmodellen als etwas Besonderes angesehen, das Organisationen bei der Steigerung der monetären Leistung und der Verbesserung der Wettbewerbsfähigkeit sicherlich helfen kann. Wenn TQM-Modelle mit den Aktivitäten in Einklang gebracht werden können, die jetzt in einem Unternehmen stattfinden, dann wird es wahrscheinlich in das Unternehmen integriert werden und folglich zu einer praktikablen Ausführung beitragen. TQM ist nur dann erfolgreich, wenn sich die Arbeitnehmer am TQM-Verfahren beteiligen und sich den Zielen des Verfahrens verpflichtet fühlen. Es muss jede Anstrengung unternommen werden, um jeden Mitarbeiter des Unternehmens so vollständig wie möglich in die kontinuierlichen Verbesserungsaktivitäten, die Einbeziehung der Mitarbeiter und die Nutzung der Teamarbeit einzubeziehen.

KAPITEL 6

Prüfung der ISO 9000-Normen und ihrer Auswirkungen auf TQM

Qualität bedeutet, die Käufer zu begeistern und sie nicht nur vor Störungen zu schützen (Gravin, 1987). Zu den acht grundlegenden Messungen oder Klassifizierungen von Qualität, die als System für die strategische Analyse dienen können, gehören Langlebigkeit, wahrgenommene Qualität, Wartungsfreundlichkeit, Konformität, Zuverlässigkeit, Merkmale, Leistung und Ästhetik (Gravin, 1987). In den 1980er Jahren erreichten gerade einmal 50 Organisationen Weltklassequalität (Andrews, 1994) Die Gedanken, die dem TQM zugrunde liegen, sind irreführend einfach. TQM ist keine Formel für die Erzielung von Qualitätsergebnissen, sondern vielmehr eine Logik des Managements von Unternehmen und somit ein Handbuch für die unendliche Suche nach kontinuierlicher Verbesserung (Bradley, 1994).

Die ISO 9000-Zertifizierung wird selten als Marketinginstrument betrachtet (Quazi und Padibjo, 1997), sondern eher als Grund für das Qualitätsmanagement, da es um die Festlegung und Umsetzung eines Managementrahmens geht, der stabile Produkte mit bestimmten Qualitätsparametern erzeugt (Rao und Ragu-Nathan, 1997). Die Normen der Reihe ISO 9000 sind hilfreich und im Vergleich zum TQM viel klarer und weniger komplex. Es ist erstaunlich, dass zahlreiche Verbände ihre Qualitätsreise damit begonnen haben, die Akkreditierung der Qualitätsmanagementnormen der Reihe ISO 9000 anzustreben (Wiele, Dale, and Williams, 1997). Die Verbreitung der ISO 9000-Normen nimmt in verschiedenen Ländern einen ganz eigenen Verlauf (Wiele et al., 2009). ISO 9000 wurde von vielen als eine der Methoden beschrieben, mit denen ein Unternehmen TQM erfassen kann (Williams, 1997). TQM kann als eine allumfassende Managementphilosophie bezeichnet werden, die darauf abzielt, die Kundentreue zu erhöhen und nicht wertschöpfende Schritte in den Unternehmensprozessen zu erkennen und zu beseitigen (Williams, 1997; Ho S. K., 1999).

Zu den wichtigsten Aspekten, die das TQM ausmachen, gehören das Engagement des oberen Managements, das Management der Mitarbeiter, die Einstellung der Mitarbeiter, das Verhalten der Mitarbeiter, das Kundenbeziehungsmanagement, das Lieferantenbeziehungsmanagement, die Spezifikationen des Produktdesigns und der Ablauf der Prozesse (Martinez-Lorente und Martinez-Costa, 2004; Feng, Terziovski und Samson, 2008). Die ISO 9000-Reihe hat einen formalen Rahmen für die Bewertung der Fähigkeit eines Unternehmens geschaffen, qualitativ hochwertige Waren und Dienstleistungen dauerhaft zu entwerfen, zu entwickeln und zu liefern (Curkovic und Pagell, 1999). Die ISO 9000-Vereinbarung besteht eigentlich aus fünf separaten Normen, nämlich ISO 9000, ISO 9001, ISO 9002, ISO 9003 und ISO 9004 (Curkovic und Pagell, 1999; Gotzamani K. D., 2005). Die neue ISO 9000-Normengruppe wurde verkleinert und umfasst nur noch drei Normen, nämlich ISO 9000:2000, ISO 9001:2000 und ISO 9004:2000 (Gotzamani K. D., 2005).

Es gab nachweislich einige Hindernisse dafür, dass TQM und Reengineering einen deutlich verbesserten Prozess für den Wettbewerb in einem Bereich hervorbringen können, der nie mehr existiert. TQM- und Reengineering-Programme befassen sich häufig nicht damit, wie die grundlegenden Abläufe zusammenhängen. TQM- und Reengineering-Bestrebungen konzentrieren sich regelmäßig auf die Überholung von Geschäftsprozessen und übersehen Managementprozesse (TQM, 1995). Es gibt einige Hindernisse für die erfolgreiche Anwendung von TQM, insbesondere das eindeutige Fehlen von Geschäftserfahrungen und Informationen sowie die Begrenztheit der finanziellen und personellen Ressourcen (Quazi und Padibjo, 1997; Chow-Chua, Goh und Wan, 2003; Martinez-Lorente und Martinez-Costa, 2004; Sampaio, Saraiva und Rodrigues, 2009; Burcher, Lee und Waddell, 2010). Einer der grundlegenden Unterschiede zwischen dem Maßnahmenkatalog der ISO 9000 und TQM hat mit dem Prozess und nicht mit dem Inhalt zu tun (Wiele, Dale und Williams, 1997). US-Firmen unterliegen dem Irrglauben, dass die Eintragung in die ISO 9000 das kleine Set und die

Voraussetzung für ein TQM-Programm ist. Studien, die die ISO 9000 grundlegend analysiert haben, bestätigen, dass
die Kriterien sind wirklich eine Teilmenge der Voraussetzungen für die vollständige Durchführung eines TQM-Programms (Curkovic und Pagell, 1999).

Vergleichende Untersuchungen einiger Nationen und die Erfahrungen mit der japanischen TQM-Entwicklung zeigen, dass ein geordneter Ansatz für TQM erforderlich ist (Ho S. K., 1999). Ein wahrscheinlicher Grund für Chinas fehlende Markenstärke ist sein B2B-Zentrum. Der Aufbau von Markenbekanntheit ist für B2B-Unternehmen wesentlich schwieriger als für B2C-Organisationen (Meyer und Shen, 2010). Die Pioniere der größten und sich am schnellsten entwickelnden Organisationen Indiens verfolgen einen konzentrierten internen Ansatz, eine langfristige Sichtweise und legen mehr Wert auf die Einstellung, Motivation, Ausbildung und Entwicklung von Mitarbeitern und halten dieses Motiv höher als den Shareholder Value, der als kurzfristig angesehen wird (Cappelli, Singh, Singh und Useem, 2010). Die einzige positive Methode zur Steigerung des Shareholder Value besteht darin, die Erwartungen an die zukünftige Leistung des Unternehmens zu erhöhen (Martin, 2010). Die Unternehmen müssen sich überlegen, wie ihre Verfahren zur Gewinnung und Erhaltung von Talenten zu diesem Thema beitragen (Carter & Silva, 2010).

Frühere empirische Untersuchungen haben gezeigt, dass ISO 9000 voraussetzt, dass jeder in der Organisation den Qualitätsansatz kennt und versteht und sich zu seiner Verwirklichung verpflichtet (Bradley, 1994). ISO 9000 ist eindeutig in drei Bereiche unterteilt, nämlich in die Hauptprozesse, die Prozesskontrolle und das Management (Bradley, 1994). Zwischen dem Niveau der ISO 9000-Zertifizierung und der Auszeichnung des Qualitätsniveaus besteht eine Lücke in der Qualitätsentwicklung. Diese Lücke kann durch verschiedene Übungen überbrückt werden, die mit Hilfe einer Selbstbewertung anhand eines Qualitätsauszeichnungsmodells durchgeführt werden (Wiele, Dale und Williams, 1997). Für einige Unternehmen bedeutet die Umsetzung von ISO 9000 nicht wirklich den Beginn des Abenteuers in Richtung TQM. Für einige Unternehmen bedeutet sie im Wesentlichen "nichts Neues" (Williams, 1997). Die Kosten und Ausführungsprobleme, z. B. der Zeitaufwand und das Fehlen von Kontrolle, waren zusätzliche negative Reaktionen auf ISO 9000 (Curkovic und Pagell, 1999; Martinez-Lorente und Martinez-Costa, 2004; Casadesus und Karapetrovic, 2005; Gotzamani K. D., 2005; (Burcher, Lee, und Waddell, 2010). ISO 9000 war nie ein Ersatz für TQM. ISO 9000 regt Organisationen lediglich dazu an, einen Rahmen für das Qualitätsmanagement zu schaffen, der weit entfernt ist von einem Unternehmen, das sich auf Qualität konzentriert (Sun, 1999). Ein kultureller Wandel ist wichtig, um eine fruchtbare Weiterentwicklung von der 1994er Version der ISO 9000 zu gewährleisten, die sich auf Ideen zur Qualitätsbestätigung und zum Qualitätsmanagement stützt (Laszlo, 2000).

Einige der wichtigsten Fallen, die es nach der Einführung von ISO 9000 zu vermeiden gilt, sind die Unfähigkeit, ein ausreichendes Überwachungssystem aufzubauen, strenge Methoden und Rahmen für die Einhaltung der Vorschriften einzuführen und Verwaltungsprüfungen des neuen Rahmens durchzuführen (Chow- Chua, Goh und Wan, 2003; Gotzamani K. D., 2005). Unternehmen sollten wissen, dass die Umsetzung von ISO 9000, nur um konform zu werden, keinen Wettbewerbsvorteil garantiert (Martinez-Costa und Martinez-Lorente, 2007). Fehlendes Engagement von Arbeitnehmern und Managern ist das am häufigsten genannte Problem, mit dem kleine und mittlere Unternehmen (KMU) bei der Umsetzung der ISO-Akkreditierung konfrontiert sind (Feng, Terziovski und Samson, 2008). ISO 9000 hatte so gut wie keine Auswirkungen auf die Unternehmensleistung (Martinez-Costa, Choi, Martinez und Martinez-Lorente, 2009). Der Zusammenhang zwischen Organisation und Zertifizierung ist kompliziert, doch die potenziellen Vorteile solcher Unternehmungen sind beträchtlich (Masakure, Henson und Cranfield, 2009).

Eine kritische Analyse zeigt, dass der Qualitätsrahmen ISO 9000 auf die Vertriebs- und

Marketingprozesse ausgedehnt werden muss. Die Metriken für die Prozessausführung müssen erweitert und eine Kultur des ständigen Wandels zur Verbesserung geschaffen werden. Alle Mitarbeiter müssen dazu angehalten werden, sich durch Projektgruppen, Qualitätszirkel usw. an Verbesserungen zu beteiligen. Sie müssen gute Leistungen in den Prozessen erbringen (Bradley, 1994). Organisationen, die nach ISO 9000 zertifiziert sind, weisen ein höheres Maß an Verbesserungen bei den Humanressourcen, ein besseres Daten- und Bewertungssystem, Qualitätsergebnisse, Lieferantenbeziehungen, Kundenorientierung und strategische Qualitätsplanung auf (Rao und Ragu-Nathan, 1997). ISO 9000 prüft die Angemessenheit der standardisierten Verfahren, das Management-Audit des gesamten Qualitätsmanagementsystems (QMS), die Fehlererkennung und -beseitigung, die Wirksamkeit der Qualität und den Rahmen für Präventiv- und Korrekturmaßnahmen (Wiele, Dale und Williams, 1997; Chow-Chua, Goh und Wan, 2003; Srivastav, 2010). Die ISO 9000-Reihe von Qualitätsmanagementgrundsätzen wurde von einigen als "Sprungbrett" für Unternehmen auf dem Weg zum TQM bezeichnet (Williams, 1997).

Trotz ihrer weitreichenden weltweiten Anerkennung ist die ISO 9000 von Debatten und Kontroversen umgeben (Curkovic und Pagell, 1999). Es ist der Kunde, der maßgeblich dazu beigetragen hat, dass die ISO 9000-Zertifizierung zum Weltstandard geworden ist. Der Hauptgrund dafür, dass sich Organisationen nach ISO 9000 zertifizieren lassen, liegt darin, dass ihre Kunden dies fordern (Curkovic und Pagell, 1999). Es wurde festgestellt, dass die Durchführung von ISO 9000 allein nicht viel zur Qualitätsveränderung beiträgt, während die Mischung aus TQM und ISO 9000 den größten Beitrag leistet (Sun, 1999). ISO 9000 erfreut sich insbesondere aufgrund der Ausweitung des globalen Handels und des Zugangs zu neuen globalen Märkten großer Beliebtheit (Sun, 1999). Hindernisse für die ISO 9000-Zertifizierung sind die Unterstützung durch das obere Management, die Durchführungszeit und der Systemwechsel (Withers und Ebrahimpour, 2000; Chow-Chua, Goh, und Wan, 2003).

Zu den acht internen und acht externen Vorteilen, die sich aus der Umsetzung eines Qualitätsrahmens im Lichte der ISO 9000 ergeben, gehören: Kosteneinsparungen durch weniger Abfall, weniger Nacharbeiten, ein Wettbewerbsvorteil, eine größere Marktposition, eine wahrgenommene überlegene Qualität und eine verbesserte betriebliche Effizienz (Dick G. P., 2000).

Die Entwicklung und Akkreditierung von Qualitätssicherungssystemen nach den Richtlinien der ISO 9000-Normen kann ein guter erster Schritt in Richtung TQM-Initiative sein (Gotzamani und Tsiotras, 2001; Srivastav, 2010). Unternehmen, die eine bessere Leistung erbringen, neigen eher dazu, sich nach ISO 9000 akkreditieren zu lassen (Heras, Dick und Casadesus, 2002). ISO 9000 kann zunächst angewendet werden, um Stabilität und Konsistenz in den Betriebsabläufen des Unternehmens zu gewährleisten, und später kann die Anwendung von TQM-Praktiken die betriebliche Effizienz und die Arbeitsmoral der Mitarbeiter verbessern und ganzheitliche organisatorische Leistungsparameter und Erfolge erzielen (Magd und Curry, 2003). Vorgesetzte missverstehen die Rolle der ISO 9000-Zertifizierung, da sie die Konformität und die organisatorischen Leistungsstandards nicht erkennen (Terziovski & Power, 2007).

ISO 9000 konzentriert sich auf Veränderungen in den Arbeitsabläufen eines Unternehmens, um Effizienz und Qualität zu verbessern (Benner und Veloso, 2008). Die ISO-Rahmenrichtlinien für das Qualitätsmanagement haben sich als ein fleißiges und sich entwickelndes Wunder erwiesen (Dick, Heras und Casadesus, 2008). Die Inspiration für die Bestätigung der ISO 9000 ist häufig ein externer Grund, z. B. die Vorherrschaft des Marketings, Kundenwünsche und Wettbewerbskräfte, und weniger ein interner Antrieb, z. B. die Verbesserung der Qualität von Waren und Dienstleistungen (Feng, Terziovski und Samson, 2008). In den letzten zehn Jahren hat sich die Standardisierung von Organisationspraktiken über globale Managementrahmenmodelle stark beschleunigt (Karapetrovic et al., 2010).

Die drei Hauptvorteile der Anwendung von ISO 9000 in Bezug auf die Kundentreue sind die Erhöhung der Kundentreue, die Verringerung der Anzahl von Meinungsverschiedenheiten und der Rückgang der Anzahl von Produktverschiedenheiten (Karapetrovic, Fa und Saizarbitoria, 2010). In der Regel wurde die ISO 9000-Akkreditierung wegen ihrer Allgemeinheit, ihrer Überflüssigkeit in Bezug auf die Qualität und ihrer komplizierten Natur kritisiert, was in den überarbeiteten ISO 9000:2000-Normen behoben wird (Gotzamani K., 2010). Die interne Überprüfung nach ISO 9000 kann ein hervorragender Versuch unter den solidesten Impulsen für kontinuierliche Verbesserung sein, die heute verfügbar sind (Hernandez, 2010). Die neue ISO-Norm soll Organisationen dabei helfen, Hindernisse zwischen Gesamtqualitätsmanagement und Qualitätssicherung zu überwinden, die den größten Teil des Qualitätsmanagementrahmens ausmachen (Fotopoulos, Psomas, & Vouzas, 2010).

Hypothetisch gesehen ist die ISO 9000-Akkreditierung ein Sprungbrett für TQM-Proben (Quazi und Padibjo, 1997). Die ISO 9000-Reihe unterscheidet sich von anderen Qualitätsmaßnahmen, die es heute auf der Welt gibt, insofern, als sie umfassende Qualitätssicherungsrahmen für alles schafft, vom Design eines Artikels bis zum Kundendienst nach dem Produktverkauf (Rao und Ragu-Nathan, 1997). ISO 9001, 9002 und 9003 sind Konformitätsnormen für Qualitätssicherungsrahmen und relevant für Lieferanten-Kunden-Verbindungen. Bei ISO 9000 und 9004 handelt es sich um Regeln, die sich mit der Weiterentwicklung von Qualitätssystemen innerhalb der Organisation befassen (Curkovic und Pagell, 1999). In Organisationen, in denen ein solides Rahmenwerk für den Kundeninput greift, beginnen Unternehmensleiter und Mitarbeiter an der Front, Kundenloyalität in ähnlicher Weise zu besitzen, wie sie ihre Ziele für Anreize, Vorteile und Marktanteile einfordern (Markey, Reichheld, & Dullweber, 2009).

In der Praxis gibt es, sobald der TQM- und Reengineering-Prozess verstärkt wird, eine große Vielfalt an denkbaren Methoden, die von der Idee der Verfahren, der Organisationskultur und dem Managementstil, dem Standort und der Größe des Unternehmens sowie den Wünschen der Wettbewerber abhängen (TQM, 1995). Die Organisationen sollten bei der Anwendung von Qualitätsstrategien nicht zimperlich sein und sich nicht enttäuscht über den mäßigen Beitrag der Qualitätstechniken in der ersten Phase der Umsetzung fühlen. Es wird auch empfohlen, dass sie sich ständig verbessern müssen (Sun, 1999). Die Akkreditierung nach ISO 9000 ist keine Garantie für eine hohe Qualität der Waren und Dienstleistungen, sondern eine Bestätigung für die Kunden, dass das Unternehmen einen globalen Standard erfüllt (Feng, Terziovski und Samson, 2008). Für praktizierende Manager würde die Umsetzung des Qualitätsmanagementrahmens ISO 9000 zu einer Ausweitung der Geschäfts- und Betriebsleistung führen, wenn sie gut geplant und ausgeführt wird und die philosophischen Qualitätsaspekte des Unternehmens mit der Schulung der Mitarbeiter, intermittierenden Überprüfungen, Abhilfemaßnahmen und dem Engagement auf allen Unternehmensebenen kombiniert werden (Feng, Terziovski, & Samson, 2008).

Zusammenfassend lässt sich sagen, dass TQM keine Strategie ist, die über Nacht und mit geringem Aufwand verwirklicht werden kann. Die Ergebnisse von ISO 9000 reichen von einer verbesserten Kommunikation zwischen den Mitarbeitern über Kostensenkungen, weniger Papierkram, komponierteren Plänen und Erträgen bis hin zu einem bemerkenswerten Wettbewerbsvorteil, Zugang zu internationalen Märkten, weniger Kundenreklamationen, verbesserter Effizienz, besser vorbereiteten Mitarbeitern und größerem Kundenvertrauen. ISO 9000 ist im besten Fall eine Struktur für die Qualitätssicherung; jede Weiterentwicklung über diesen Punkt hinaus kann nicht in den gedruckten Ausdrücken einer Norm festgehalten werden, sondern sollte im Plan des Managers an erster Stelle stehen.

Die mit der ISO 9000 verbundene echte geschäftliche Wertschätzung muss erreicht werden, wenn sie mit der strategischen Ausrichtung einer Organisation vorhersehbar gemacht wird. Dies bedeutet, dass die Maßnahmen der ISO 9000 als Grundlage für einen wesentlich umfassenderen Rahmen, z. B. TQM, verwendet werden. Es wurde festgestellt, dass die Aktualisierung von ISO 9000 allein nicht viel zu Qualitätsveränderungen beiträgt, während die Kombination von ISO 9000 und TQM den größten Beitrag leistet. ISO 9000 hat zu besseren Qualitätsrahmen, Kundentreue, Wettbewerbsvorteilen und zur Verringerung von Qualitätsproblemen geführt. Die Akkreditierung nach ISO 9000 kann beträchtliche geschäftliche Vorteile bringen, wenn sie als Teil eines ständigen Strebens nach Verbesserung durchgeführt wird. Die Akkreditierung nach ISO 9000 führt zu einer rundum gelungenen Gestaltung der Systeme, zu umso vertrauensvolleren Breitbandbeziehungen mit den Kunden und zu klar definierten Aufgaben und Verpflichtungen im Unternehmen.

Literaturverzeichnis

Bou-Llusar, J., Escrig-Tena, A. B., Roca-Puig, V., & Beltran-Martin, I. (2009). Eine empirische Bewertung des EFQM Excellence Modells: Bewertung als TQM-Rahmenwerk im Vergleich zum MBNQA-Modell. *Zeitschrift für Betriebsmanagement,* 1-22.

Burgess, N. (1999). Normen und TQM zu Beginn des einundzwanzigsten Jahrhunderts. *Das TQM-Magazin,* 456-460.

Dahlgaard, J. J., Kristensen, K., Kanji, G. K., Juhl, H. J., & Sohal, A. S. (1998). Praktiken des Qualitätsmanagements: eine vergleichende Studie zwischen Ost und West. *International Journal of Quality & Reliability Management,* 812- 826.

Evans, J. R. (2004). Eine explorative Studie über Leistungsmessungssysteme und Beziehungen zu Leistungsergebnissen. *Journal of Operations Management,* 219-232.

Feng, M., Terziovski, M., & Samson, D. (2008). Beziehung zwischen der Zertifizierung des Qualitätssystems nach ISO 9001:2000 und der betrieblichen und geschäftlichen Leistung: Eine Umfrage in australischen und neuseeländischen Produktions- und Dienstleistungsunternehmen. *Zeitschrift für Fertigungstechnologie-Management,* 22-37.

Kim, D. Y., Kumar, V., & Murphy, S. A. (2010). European Foundation for Quality Management Business Excellence Model. *International Journal of Quality & Reliability Management,* 684-701.

Lam, S. Y., Lee, V. H., Ooi, K. B., & Lin, B. (2011). Die Beziehung zwischen TQM, Lernorientierung und Marktleistung in Dienstleistungsunternehmen: eine empirische Analyse. *Total Quality Management & Business Excellence,* 1277-1297.

Masakure, O., Henson, S., & Cranfield, J. (2009). Standards und Exportleistung in Entwicklungsländern: Evidence from Pakistan. *The Journal of International Trade & Economic Development*, 395-419.

Reosekar, R. S., & Pohekar, S. D. (2014). Six Sigma-Methodik: ein strukturierter Überblick. *International Journal of Lean Six Sigma*, 392-422.

Ahire, S. L., & Dreyfus, P. (2000). Der Einfluss von Designmanagement und Prozessmanagement auf die Qualität: eine empirische Untersuchung. *Journal Of Operations Mnagement*, 549-575.

Ahmad, M. B., & Yusof, S. M. (2010). Vergleichende Studie der TQM-Praktiken zwischen japanischen und nicht-japanischen Elektro- und Elektronikunternehmen in Malaysia: Umfrageergebnisse. *Taylor und Francis Total Quality Management*, 1120.

AL-Harkan, I. M. (2007). ENTWICKLUNG EINER METHODIK ZUR BEWERTUNG DER EINFÜHRUNG VON TQM IN AUSGEWÄHLTEN SAUDISCHEN INDUSTRIEZWEIGEN. *Proceedings of the 37th International Conference on Computers and Industrial Engineering*, 1822-1832.

Andrews, B. (1994). Qualität ohne Fanfare. *Harvard Business Review*, 160.

Bauer, J., Falshaw, R., & Oakland, J. S. (2005). Umsetzung von Business Exzellenz. *Total Quality Management*, 543-553.

Bednar, D. A., & Reeves, C. A. (1994). Defing quality: alternatives and implications. *academy of management journal*, 419-445.

Benner, M. J., & Veloso, F. M. (2008). ISO 9000-Praktiken und finanzielle Leistung: Eine Perspektive der Technologiekohärenz. *Zeitschrift für Operations Management*, 611-629.

Boaden, R. J. (1996). Ist totales Qualitätsmanagement wirklich einzigartig? *Total*

Quality Management, 553-570.

Bou-Llusar, J. C., Escrig-Tena, A. B., Roca-Puig, V., & Martin, I. B. (2005). Inwieweit erklären die Befähiger die Ergebnisse des EFQM-Exzellenzmodells? *Internationale Zeitschrift für Qualitäts- und Zuverlässigkeitsmanagement,* 337-353.

Bradley, M. (1994). Total Quality Management ausgehend von ISO 9000. *Das TQM-Magazin,* 50-54.

Cappelli, P., Singh, H., Singh, J. V., & Useem, M. (2010). Leadership Lessons from India. *Harvard Business Review,* 90-97.

Carter, N. M., & Silva, C. (2010). Ein neuer Weg zur Bewertung von Gehalt und Leistung. *Harvard Business Review,* 20-21.

Choi, T. Y., & Eboch, K. (1998). The TQM Paradox: Relations among TQM practices, plant performance, and customer satisfaction. *Zeitschrift für Betriebsmanagement,* 59-75.

Choi, T. Y., & Eboch, K. (1998). The TQM Paradox: Relations among TQM practices, plant performance, and customer satisfaction. *Journal Of Operations Management,* 59-75.

Coronado, R. B., & Antony, J. (2002). Kritische Erfolgsfaktoren für die erfolgreiche Umsetzung von Six-Sigma-Projekten in Organisationen. *Das TQM-Magazin,* 92-99.

Corredor, P., & Goni, S. (2011). TQM und Leistung: Is the relationship so obvious? *Journal of Business Research,* 830-838.

Cua, K. O., McKone, K. E., & Schroeder, R. G. (2001). Beziehungen zwischen der Einführung von TQM, JIT und TPM und der Produktionsleistung. *Journal Of Operations Mangement,* 675-694.

Curkovic, S., & Pagell, M. (1999). Eine kritische Untersuchung der Fähigkeit der ISO 9000-Zertifizierung, zu einem Wettbewerbsvorteil zu führen. *Zeitschrift für Qualitätsmanagement,* 51-67.

DAHLGAARD, J. J., KANJI, G. K., & KRISTENSEN, K. (1990). Eine vergleichende Untersuchung der Methoden und Grundsätze der Qualitätskontrolle in Japan, Korea und Dänemark. *TOTAL QUALITY MANAGEMENT, VOL. 1,NO. 1, 1990.*

Dale, B. G., Zairi, M., Wiele, A. W., & Williams, A. (2000). Qualität ist tot in Europa - es lebe die Exzellenz - wahr oder falsch? *Measuring Business Excellence,* 4-10.

Dean, J. W., & Bowen, D. E. (1994). orgManagement Theory and Total Quality: Improving Research and Practice through TheoryDevelopment. *The Academy of Management Review,* 392-418.

Dick, G. P. (2000). Die Vorteile der ISO 9000-Zertifizierung, Realität oder Mythos? *TQM Magazine,* 365-371.

Dick, G. P., Heras, I., & Casadesus, M. (2008). Erhellung des Zusammenhangs zwischen ISO 9001 und verbesserter Unternehmensleistung. *Internationale Zeitschrift für Betriebs- und Produktionsmanagement,* 687-708.

Duncan, R. B. (1972). Characteristics of Organizational Environments and Perceived Environmental Uncertainty. *Administrative Science Quarterly, Vol. 17, No. 3 (Sep., 1972),* 313-327.

Evans, J. R. (2004). Eine explorative Studie über Leistungsmessungssysteme und Beziehungen zu Leistungsergebnissen. *Journal Of Operations Management,* 219-232.

Fotopoulos, C. B., & Psomas, E. L. (2009). Der Einfluss von "weichen" und "harten" TQM-Elementen auf die Ergebnisse des Qualitätsmanagements. *Internationale*

Zeitschrift für Qualitäts- und Zuverlässigkeitsmanagement, 150-163.

Fotopoulos, C. V., Psomas, E. L., & Vouzas, F. K. (2010). Untersuchung der Beziehungen zwischen den Praktiken des totalen Qualitätsmanagements in nach ISO 9001:2000 zertifizierten Organisationen. *Total Quality Management,* 503-515.

Galeazzo, A., & Klassen, R. D. (2015). Organisatorischer Kontext und die Umsetzung ökologischer und sozialer Praktiken: Welche Verbindungen gibt es zur Produktionsstrategie? *Journal of Cleaner Production,* 1-11.

Gotzamani, K. (2010). Ergebnisse einer empirischen Untersuchung zu den erwarteten Verbesserungsbereichen der Norm ISO 9001:2000. *Total Quality Management,* 687-704.

Gravin, D. A. (1984). Was bedeutet "Produktqualität" wirklich? *Academy of Management Review.*

Hackman, R. J., & Wageman, R. (1995). Total Quality Management: Empirische, konzeptionelle und praktische Fragen. *Administrative science quaterly,* 602-636.

Heras, I., Dick, G. P., & Casadesus, M. (2002). Die Auswirkungen der ISO 9000-Registrierung auf Umsatz und Rentabilität. *International Journal of Quality and Reliability Management,* 774-791.

Hernandez, H. (2010). Qualitätsaudit als Motor für die Einhaltung der ISO 9001:2008-Normen. *Das TQM-Journal,* 454-466.

Ho, S. K. (1999). Wandel zum Besseren durch ISO 9000 und TQM. *Management Design,* 381-385.

Jayaram, J., Ahire, S. L., & Dreyfus, P. (2009). Kontingenzbeziehungen zwischen Unternehmensgröße, TQM-Dauer, gewerkschaftlicher Organisation und Branchenkontext auf die TQM-Implementierung - ein Fokus auf Gesamteffekte.

Zeitschrift für Betriebsmanagement, 345-356.

Karapetrovic, S., Fa, M. C., & Saizarbitoria, I. H. (2010). Was ist mit dem Glanz von ISO 9000 geschehen? Eine achtjährige Studie. *Total Quality Management,* 245-267.

Karuppusami, G., & Gandhinathan, R. (2006). Pareto-Analyse der kritischen Erfolgsfaktoren von Total Quality Management. *Das TQM-Magazin,* 372-385.

Kaynak, H. (2003). Die Beziehung zwischen Praktiken des Total Quality Management und ihren Auswirkungen auf die Unternehmensleistung. *Zeitschrift für Operations Management,* 405-435.

Khoo, H. H., & Tan, K. C. (2003). Managing for the quality in the USA and Japan: differences between the MBNQA, DP and JQA. *Das TQM-Magazin,* 14-24.

Kim, D.-Y., Kumar, V., & Murphy, S. A. (2008). EUROPEAN FOUNDATION FOR QUALITY MANAGEMENT (EFQM) BUSINESS EXCELLENCE MODEL: A LITERATURE REVIEW AND FUTURE RESEARCH AGENDA. *ASAC,* 31-48.

Kumar, M. R. (2007). Vergleich zwischen DP und MBNQA: Konvergenz und Divergenz im Zeitverlauf. *Das TQM-Magazin,* 245-258.

Lagrosen, S., & Lagrosen, Y. (2003). Qualitätskonfigurationen: ein kontingenter Ansatz für das Qualitätsmanagement. *International Journal of Quality & Reliability Management,* 759-773.

Lagrosen, Y., & Lagrosen, S. (2003). Management von Dienstleistungsqualität - Unterschiede in Werten, Praktiken und Ergebnissen. *Management der Dienstleistungsqualität,* 370-381.

Lam, S.-Y., Lee, V.-H., Ooi, K.-B., & Lin, B. (2011). Die Beziehung zwischen TQM, Lernorientierung und Marktleistung in Dienstleistungsunternehmen: eine empirische Analyse. *Total Quality Management and Business Excellence*, 1277-1297.

Laszlo, G. P. (2000). ISO 9000- 2000 Version: Auswirkungen für Antragsteller und Prüfer. *Das TQM-Magazin*, 336-339.

Lau, H. C., & Idris, M. A. (2001). Die weiche Grundlage der kritischen Erfolgsfaktoren für die TQM-Einführung in Malaysia. *Das TQM-Magazin*, Band 13. Nummer 1 .51-60.

Magd, H., & Curry, A. (2003). ISO 9000 und TQM: Sind sie komplementär oder widersprüchlich zueinander? *Das TQM-Magazin*, 244-256.

Maksoud, A. A., Dugdale, D., & Luther, R. (2005). Nicht-finanzielle Leistungsmessung in Fertigungsunternehmen. *The British Accounting Review*, 261-297.

Markey, R., Reichheld, F., & Dullweber, A. (2009). Den Kunden-Feedback-Kreislauf schließen. *Harvard Business Review*, 43-47.

Martin, R. (2010). Das Zeitalter des Kundenkapitalismus. *Harvard Business Review*, 5865.

Martinez-Costa, M., Choi, T. Y., Martinez, J. A., & Martinez-Lorente, A. R. (2009). ISO 9000/1994, ISO 9001/2000 und TQM: Die Leistungsdebatte neu beleuchtet. *Zeitschrift für Betriebsmanagement*, 495-511.

Meyer, E., & Shen, E. Y. (2010). China Mythen, China Fakten. *Harvard Business Review*, 24.

Montes, F. L., Verdu' Jover, M. A., & Molina Fernandez, L. M. (2003). Faktoren, die die Beziehung zwischen Total Quality Management und Unternehmensleistung beeinflussen. *Internationale Zeitschrift für Qualitäts- und Zuverlässigkeitsmanagement*, 189-209.

Motwani, J. (2001). Kritische Faktoren und Leistungskennzahlen des TQM. *Das TQM-Magazin*, Band 13 . Nummer 4 . S. 292-300.

Nair, A. (2006). Meta-Analyse der Beziehung zwischen Qualitätsmanagementpraktiken und Unternehmensleistung - Auswirkungen auf die Entwicklung von Qualitätsmanagementtheorien. *Journal Of Operaations Management*, 948-975.

Neely, A., Filippini, R., Forza, C., Vinelli, A., & Hii, J. (2001). Ein Rahmen für die Analyse von Unternehmensleistung, Unternehmensinnovation und damit verbundenen Kontextfaktoren: Wahrnehmungen von Managern und politischen Entscheidungsträgern in zwei europäischen Regionen. *Integrierte Fertigungssysteme*, 114-124.

Nicholas, J. (2014). Hoshin kanri und kritische Erfolgsfaktoren im Qualitätsmanagement und in der schlanken Produktion. *Total Quality Management & Business Excellence*, 1-15.

Nwabueze, U. (2001). Wie die Mächtigen gefallen sind: Die nackte Wahrheit über TQM. *Zeitschrift für Managerprüfung*, 504-513.

Oakland, J. (2005). Von Qualität zu Exzellenz im 21. Jahrhundert. *Total Quality Management*, 1053-1060.

Ortiz, J. P., Benito, J. G., & Galende, J. (2009). Die intervenierende Wirkung der Innovationsfähigkeit von Unternehmen auf die Beziehung zwischen Total Quality Management und technologischer Innovation. *Internationale Zeitschrift für Produktionsforschung*, 5087-5107.

Quazi, H. A., & Padibjo, S. R. (1997). Eine Reise zum totalen Qualitätsmanagement durch ISO 9000-Zertifizierung - eine Erfahrung aus Singapur. *Das TQM-Magazin*, 364-371.

Rahman, S. u., & Bullock, P. (2005). Soft TQM, Hard TQM und Beziehungen zur organisatorischen Leistung: eine empirische Untersuchung. *Internationale Zeitschrift für Managementwissenschaft*, 73-83.

Rao, S. S., & Ragu-Nathan, T. S. (1997). Hat ISO 9000 einen Einfluss auf Qualitätsmanagementpraktiken? Eine internationale empirische Studie. *Total Quality Management*, 335-346.

Rho, B. H., Lee, S. M., & Lee, S. G. (2003). Auswirkungen der Kriterien des Malcolm Batdrige National Quality Award auf die Qualitätsleistung von Unternehmen. *Internationales Journal ol Produktionsforschung*, 2003-2020.

Salaheldin, S. I. (2009). Kritische Erfolgsfaktoren für die TQM-Einführung und ihre Auswirkungen auf die Leistung von KMU. *Internationale Zeitschrift für Produktivitäts- und Leistungsmanagement*, 215-237.

Samson, D., & Terziovski, M. (1999). Die Beziehung zwischen Total Quality Management-Praktiken und betrieblicher Leistung. *Journal Of Operations Management*, 393-409.

Seetharaman, A., Sreenivasan, J., & Boon, L. P. (2006). Kritische Erfolgsfaktoren des Total Quality Management. *Qualität und Quantität*, 675-695.

SHARMA, B. (2006). Dimensionen des Qualitätsmanagements, kontextuelle Faktoren und Leistung: An Empirical Investigation. *Taylor & Francis*, 1232-1244.

Sila, I. (2007). Untersuchung der Auswirkungen von Kontextfaktoren auf TQM und Leistung durch die Linse von Organisationstheorien: Eine empirische Studie. *Zeitschrift für Operations Management*, 83-109.

Sila, I., & Ebrahimpour, M. (2003). Untersuchung und Vergleich der kritischen Faktoren des totalen Qualitätsmanagements (TQM) in verschiedenen Ländern. *Internationale Zeitschrift für Produktionsforschung*, 235-268.

Sinclair, D., & Zairi, M. (2000). Leistungsmessung: Eine kritische Analyse der Literatur in Bezug auf TQM. *International Journal Of Management Reviews*, 145-168.

Sitkin, S. B., Sutcliffe, K. M., & Schroeder, R. G. (1994). UNTERSCHEIDUNG ZWISCHEN KONTROLLE UND LERNEN IM TOTALEN QUALITÄTSMANAGEMENT: A CONTINGENCY PERSPECTIVE. *The Academy of Management Review, Bd. 19, Nr. 3, Sonderausgabe: "Total Quality"*, 537-564.

Sousa, R., & Voss, C. A. (2002). Quality management re-visited: a reflective review and agenda for future research. *Zeitschrift für Betriebsmanagement*, 91-109.

Sousa, R., & Voss, C. A. (2002). Quality management re-visited: a reflective review and agenda for future research. *Zeitschrift für Operations Management*, 91-109.

Sousa-Poza, A., Nystrom, H., & Wiebe, H. (2000). Eine kulturübergreifende Studie über die unterschiedlichen Auswirkungen der Unternehmenskultur auf TQM in drei Ländern. *Internationale Zeitschrift für Qualitäts- und Zuverlässigkeitsmanagement*, 744-761.

Spencer, B. A. (1994). Modelle von Organisation und Total Quality Management: Ein Vergleich und eine kritische Bewertung. *The Academy of Management Review*, 446-471.

Sun, H. (1999). Die Muster der Umsetzung von TQM und ISO 9000 zu Beginn der 1990er Jahre. *International Journal Of Quality and Reliability Management*, 201-214.

Tan, J. J. (2005). Bestandteile eines erfolgreichen umfassenden Qualitätsmanagements. *Das TQM-Magazin*, 182-194.

Tan', J. J., Molina, J. F., & Castejon, J. L. (2007). Die Beziehung zwischen

Qualitätsmanagementpraktiken und ihren Auswirkungen auf die Qualitätsergebnisse. *European Journal of Operational Research,* 483-501.

Teh, P.-L., Yong, C.-C., Arumugam, V., & Ooi, K.-B. (2009). Verringert Total Quality Management den Rollenkonflikt der Mitarbeiter? *Industrielles Management & Datensysteme,* 1118-1136.

Terziovski, M., & Power, D. (2007). Steigerung der Vorteile der ISO 9000-Zertifizierung: ein Ansatz zur kontinuierlichen Verbesserung. *Internationale Zeitschrift für Qualitäts- und Zuverlässigkeitsmanagement,* 141-163.

TQM. (1995). Jenseits von Total Quality Management und Reengineering. *Harvard Business Review,* 80-81.

Wiele, A. v., Dale, B. G., & Williams, A. (1997). Die Eintragung in die ISO 9000-Reihe zum totalen Qualitätsmanagement: der Weg der Transformation. *Internationale Zeitschrift für Qualitätswissenschaft,* 236-252.

Wilkinson, & Wilmott. (1995). Totale Qualität, kritische Fragen stellen. *Academy of Management Review.*

Wilkinson, A., & Wilmott, H. (1996). Qualitätsmanagement, Probleme und Fallstricke: eine kritische Perspektive. *Internationale Zeitschrift für Qualitäts- und Zuverlässigkeitsmanagement,* 55-65.

Williams, N. (1997). ISO 9000 als Weg zu ISO 9000 als Weg zu mittleren Unternehmen: Schlange oder Leiter? *Das TQM-Magazin,* 8-13.

Winn, B. A., & Cameron, K. S. (1998). Organisatorische Qualität: An Examination of the Malcolm Baldrige National Quality Framework. *Forschung im Hochschulwesen,* 491-513.

Yang, M., Hong, P., & Modi, S. B. (2011). Auswirkungen von Lean Manufacturing und Umweltmanagement auf die Unternehmensleistung: Eine empirische Studie über Fertigungsunternehmen. *Int. J.ProductionEconomics,* 251-261.

Yong, J., & Wilkinson, A. (1999). Der Stand des totalen Qualitätsmanagements: ein Überblick. *Internationale Zeitschrift für Human Resource Management,* 137-161.

Yusof, S. M., & Aspinwall, E. (2000). Rahmenwerke für die Umsetzung von Total Quality Management: Vergleich und Überprüfung. *Total Quality Management,* 281-294.

Zbaracki, M. J. (1998). Rhetorik und Realität des Total Quality Managements. *Administrative science quaterly,* 602-636.

Zhanga, D., Linderman, K., & Schroederc, R. G. (2012). Die moderierende Rolle von Kontextfaktoren auf Qualitätsmanagementpraktiken. *Journal Of Operations Management,* 12-23.

Zhao, X., Yeung, A. C., & Lee, T. S. (2004). Qualitätsmanagement und organisatorischer Kontext in ausgewählten Dienstleistungsunternehmen in China. *Journal of Operations Management,* 425-442.

Zu, X. (2009). Infrastruktur und zentrale Qualitätsmanagementpraktiken: Wie wirken sie sich auf die Qualität aus? *Internationale Zeitschrift für Qualitäts- und Zuverlässigkeitsmanagement,* 129-149.

Zu, X., Robbins, T. L., & Fredendall, L. D. (2009). Internationale Zeitschrift für Produktionswirtschaft. *Mapping the critical links between organizational culture and TQM/SixSigma practices,* 1-21.

Zu, X., Robbins, T. L., & Fredendall, L. D. (2009). Kartierung der kritischen Verbindungen zwischen Organisationskultur und TQM/Six Sigma-Praktiken. *Int. J. Production Economics.*

More Books!

I want morebooks!

Buy your books fast and straightforward online - at one of world's fastest growing online book stores! Environmentally sound due to Print-on-Demand technologies.

Buy your books online at
www.morebooks.shop

Kaufen Sie Ihre Bücher schnell und unkompliziert online – auf einer der am schnellsten wachsenden Buchhandelsplattformen weltweit! Dank Print-On-Demand umwelt- und ressourcenschonend produziert.

Bücher schneller online kaufen
www.morebooks.shop

info@omniscriptum.com
www.omniscriptum.com

OMNIScriptum